授業をもっと面白くする！

中学校歴史の雑談ネタ40

原田智仁 著

明治図書

はじめに

近年、「雑談力」という語を目にすることがありますが、皆さんは雑談についてどうお考えですか。多少の効用はあるにしても、本題や本筋に比べれば、取るに足りない挿話であり、しょせん脇道に過ぎないとお考えではないでしょうか。

私の考えはそれと真反対です。

すなわち、雑談あってこその本題であり、本筋を生かすも殺すも、雑談次第だと考えるのです。

雑音、雑踏、粗雑、煩雑など、「雑」のつく熟語に、あまりよい言葉はありませんが、雑木はちょっと違います。私は、人生や学校生活、あるいは、一時間の授業は、森にたとえられるのではないかと思います。森には、多種多様な木がありますが、大別すれば杉・檜《ひのき》などの人工林と、雑木の自然林になるでしょう。

確かに、京都の北山杉や吉野の杉・檜の森は見事です。でも、それは日本の森林全体からすれば例外的存在であり、大半の人工林が今や人手が入らぬまま放置され、台風や豪雨の度に山崩れを引き起こすなど、被害を深刻化させています。

それに対して、雑木の森はどうでしょう。木材としての価値は低いかもしれませんが、保水力に富み、春には緑の、秋には黄と紅の濃淡で、人々の目を和ませてくれます。つまり、森としての価値を雑木が高めているといえるのです。

杉や檜は、「ハレ」の行事や確実に習得させるべき学力みたいなものです。重要には違いありませんが、植林後も、生長に応じて下草刈りや間伐、枝打ちなどの手をかけてやらないとうまく育ちません。下手をすれば、ひょろひょろっと背丈だけ高くなり、風ですぐに折れたり倒れたりしてしまいます。

他方、雑木は誰が手を加えなくても自然に生えて育ち、葉を落とし朽ちては森全体を肥やしていきます。その意味で、「ケ」としての学習や生活体験とみなしてよいでしょう。木材として売れるのは杉・檜であるように、進級や進学の指標となるのはハレの学力かもしれません。でも、学びに向かう力や人間性をつくるのは、一本一本に商品価値のないケとしての雑木、すなわち、日常の学習や生活体験ではないでしょうか。

教師がハレの場で建前を語り、授業で教科書を解説し板書するのは、当然でしょう。しかし、それらを子どもの生きる力にするためには、ケとしての生活に根を張った本音や遊び、あるいはリアリティのある語りが必要だと思うのです。

だから、雑談を軽く見るべきではありません。その場、その人に応じて、リアリティのある語りを生み出すためにも、語りうる素材を教師は身につけていなければなりません。

本書が、そのための一助となれば幸いです。

原田　智仁

Contents

はじめに 006

■古代までの日本
近世までの日本とアジア

米国人はイラスト付き資料で日本人と中国人を見分けていた?!─日本人の形成 010
イスラム教の神は「アッラー」ではない?!─ユダヤ・キリスト・イスラムの対立 014
但馬牛が食べられるのは、たたら製鉄が廃れたから?!─鉄器使用のはじまり 018
聖徳太子は実在しなかった?! 022
なぜ、小野妹子は皇帝を怒らせる国書を持参したの?! 026
白村江での敗戦が、日本の律令国家体制を確立させた?! 030
鑑真和上の「和上」って何?!─鑑真の招請と鎮護国家 034
菅原道真は学問の神ではなく、祟り神と呼ばれていた?! 038
藤原道長は糖尿病だった?!─平安時代の貴族の暮らし 042

中世の日本

近世までの日本とアジア

後三条天皇は親馬鹿だった?!―白河上皇の登場と院政の始まり……046
平家蟹には平家の怨念がとりついている?!―平清盛の構想した西国国家……050
「判官贔屓」の由来は源義経にあった?!……054
中世の武家社会で悪口が罪になったというのは本当?!……058
二度の蒙古襲来の目的はそれぞれ違った?!……062
借金帳消しの要求ってヒドくない?!―土一揆と徳政……066
南北朝動乱、長期化したのはなぜ?!―楠木正成・足利尊氏の毀誉褒貶……070
金閣は放火のおかげで金色の輝きを取り戻した?!―日本の伝統文化の起源……074

近世の日本

近世までの日本とアジア

ルネサンスは死と隣り合わせの時代だった?!……078
黒船来航はペリーが最初ではなかった?!……082
大阪城の地下には本願寺が眠っている?!……086

忍者は手裏剣を使わなかった?!―忍者の実像 …… 090
豊臣秀吉の唐入り（明遠征）は、政権批判のガス抜きのためだった?! …… 094
天下分け目の関ヶ原、なぜあっさり勝敗が決したの?! …… 098
生類憐みの令のおかげで、日本の犬食は廃れた?! …… 102
田沼意次は賄賂政治家だった?!―田沼意次と松平定信 …… 106

■近代の日本と世界

近現代の日本と世界

なぜ、コーヒーと銃を好むの?!―アメリカ独立の背景 …… 110
不平等条約の締結は、幕府の無為無策を示している?! …… 114
お雇い米国人と屯田兵が北海道を開拓した?! …… 118
西郷隆盛は平和論者だった?!―征韓論の意味するもの …… 122
文明開化はバタ臭かった?! …… 126
日清戦争、なぜ「朝鮮の独立」が日本にとって重要だったの?! …… 130
「満鉄」って単なる鉄道会社じゃないの?! …… 134
いつから日本人は時間にうるさくなったの?!―定刻主義と帝国主義 …… 138
大正時代の日本はドイツ人捕虜の待遇に気を配っていた?! …… 142

日清戦争から数えて「日中五十年戦争」という歴史の見方はできる?! …… 146
大国アメリカとの開戦、最終的に決断したのは誰?! …… 150
「特攻」と自爆テロはどこが違うの?! …… 154

近現代の日本と世界

■現代の日本と世界

マッカーサーは、連日山のようなファンレターをもらっていた?! …… 158
オリンピックの女子マラソン、昔はなかったって本当?! …… 162
沖縄県民の怒りの理由はどこにある?! …… 166

おわりに

米国人はイラスト付き資料で日本人と中国人を見分けていた?!
―日本人の形成

授業のどんな場面で使える?

日本文化の黎明として、縄文文化や弥生文化とそれを担った日本人を説明する場面が最適ですが、近代の帝国主義化の中で人種や民族について考える場面でも使えます。

米国人から見た日本人と中国人の見分け方

今から十数年前になりますが、米国ロサンゼルスの全米日系人博物館を訪れたときのことです。様々な展示品の中に、中国人と日本人の見分け方をイラスト付きで説明した資料を見つけました。どうやら、第二次大戦中、中国を支援して日本と戦うことになった米国が、両者の見分け方を将兵にわかりやすく伝えるために作成したもののようです。確かに、私たちが白人のイギリス人とフランス人を外見だけでは見分けがつかないように、米国人にとってもアジア人の見分けはなかなか難しかったのでしょう。あまり楽しい気分にはなれませんが、いくつか思い出せる特徴を挙げてみましょう。

・身長は中国人がやや高く、特に足が長いのが中国人で短いのが日本人。
・目の位置は中国人が欧米人とほぼ同じで一重まぶたなのに対し、日本人の目は鼻の方に寄っている。中国人の歯並びは整っているが、日本人は出っ歯が多い。
・足の親指と第二指の間が広く開いているのが日本人。日本人は普段下駄を履くから開いている（ちなみに、韓国や北朝鮮では日本人の蔑称として「チョッパリ」という言い方がありますが、これも下駄や足袋などが動物の足を連想させることからきているようです。私が韓国の歴史学者に聞いたところでは、「地下足袋《ちかたび》」の音が転じたものとのことでした）。

古モンゴロイドと新モンゴロイド

人類の誕生は今から数百万年前のことです。氷河時代には海面の低下により日本は大陸と陸続きになっていましたが、一万年ほど前に最後の氷期が終わると海面が上昇し、現在の日本列島が誕生しました。日本で出土する化石人骨は、静岡県の三ケ日人《みっかびじん》、浜北人《はまきたじん》、沖縄県の港川人《みなとがわじん》など、身長は低く四角っぽい顔に特徴があり、アジア大陸南部に広く見られる古モンゴロイドの系統に属しています。この形質は縄文人に受け継がれていきます。

約三〜二万年ほど前に、アジア大陸北部の古モンゴロイドの中から、寒冷地に適応した新モンゴロイドが誕生し、弥生時代以降、北九州から西日本に渡来しました。比較的身長が高く、面長な点に特徴があります。縄文人と混血を繰り返して弥生人を形成し、日本列島に広がっていきますが、東日本と南九州・南西諸島には古モンゴロイドの縄文人的形質が残ったと考えられます。つまり、アイヌと琉球人は地理的には遠く離れているものの、身体的形質からするとほぼ同じ系統にあるのです。二重まぶたで眉毛は濃く、唇がやや厚めの縄文タイプといってよいでしょう。

なお、地球上にはこれらモンゴロイド（黄色人）の他に、ネグロイド（黒人）、コーカソイド（白人）、オーストラロイドがおり、合わせて四大人種といわれています。

人類館事件の示唆するもの

時代はグンと下りますが、一九〇三（明治三六）年、大阪天王寺公園で第五回内国勧業博覧会が開かれました。第一～三回の東京（上野公園）、第四回の京都（岡崎公園）に次ぐ開催で、入場者数が第一回の四五万から四三五万へとほぼ十倍に増えていることに驚かされます。それだけ殖産興業が進展し、国民の産業や技術への関心も高まったのでしょう。初めて出品された自動車や冷蔵庫が話題を呼びましたが、他方、民間業者による「学術人類館」が問題になりました。そこでは、アイヌ、台湾高砂族、沖縄人、朝鮮人、中国人、インド人、ジャワ人、ベンガル人、トルコ人、アフリカ人など三二名が、民族衣装でそれぞれの日常生活を送る場面を展示したところ、沖縄県と清が抗議したのです。当時は、国際博覧会でも少数民族を「展示」する、いわゆる人間動物園は珍しくなかったのですが、沖縄県や清は自分たちをアイヌや高砂族、あるいはかつての服属国と同列視するのは許しがたいという主張でした。彼らもまた差別する側にいたのは確かですが、私たち自身の中にある「文明と野蛮」、「先進と後進」を捉える見方を再度考えてみたいものです。

〈参考文献〉
・埴原和郎『日本人の骨とルーツ』角川書店、一九九七年

■近世までの日本とアジア　古代までの日本

イスラム教の神は「アッラー」ではない?!
―ユダヤ・キリスト・イスラムの対立

授業のどんな場面で使える?

世界宗教の誕生と特色、特に一神教の性格を説明する場面が最適ですが、西欧中世の十字軍や一九～二〇世紀のユダヤ人迫害、戦後の中東戦争などの場面でも使えます。

多神教と一神教の「神」

日本の神道《しんとう》では天地万物に神が宿るとされ、神社では様々なご祭神が祀られています。オリンポスの一二神で有名な古代ギリシアやインドのヒンドゥー教も多神教で、ヒンドゥー教では仏教を開いたお釈迦様（仏陀《ぶっだ》）も三大神の一つ、ヴィシュヌ神の化身とされています。なお、仏教は世界三大宗教の一つですが、仏陀は「目覚めた（悟りを開いた）者」の意で、神様ではありません。仏教は、宇宙の創造や破壊を神の仕業と考えるのではなく、物事をすべて原因や条件が関連し合って起こると捉え、そうした因果の輪廻《りんね》からの解脱《げだつ》を求めたのです。お釈迦様は王位を捨てて出家し、修行の末に解脱して仏陀となりました。

これに対して、中東を発祥の地とするユダヤ教、キリスト教、イスラム教は唯一《ゆいいっ》神《しん》を信仰する一神教です。ここでは、私たちに馴染みの薄い一神教について見てみましょう。皆さんは、イスラム教の神は何かと問われたら何と答えますか。教科書を見て「アッラー」と答えるかもしれませんね。クイズなら正解になるでしょうが、正確にいうと間違いです。そもそも問題が間違っています。アッラー（正確にはアッラーフ）とはアラビア語で神を意味するように、イスラム教には唯一絶対の神しかいないのですから、名前はありません。つまり、アッラーという名前の神がいるのではなく、神のことをアッラーというのです。

同様に、キリスト教でも言語により呼称は違いますが、神（デウス、ゴッドなど）といいます。イエス＝キリストは神の子ですが、父なる神や聖霊と一体だとする三位一体説《さんみいったいせつ》が正統とされていますので、「イエス」と答えてもイエス！　かもしれませんね。なお、ユダヤ教の旧約聖書では、唯一神を「ヤハウェ」と称し、時にヤーヴェとかエホバと呼ばれたりすることもありますが、ヘブライ語で「共にある者」などを意味するといわれます。キリスト教もイスラム教も、元を質《ただ》せばユダヤ教に辿り着きますので、これら一神教の神はと問われたら、「ヤハウェ」ないし「神」とするのが模範解答ということになるでしょう。

ユダヤ教、キリスト教、イスラム教が対立する理由

同じ神を信仰しながら、なぜこれら三者は対立し合うのでしょうか。無論、教義に発する対立もありますが、その大半は政治・経済などの世俗的原因に由来します。まず、確認しておきたいのは、中東の都市エルサレムはこの三宗教にとっての聖地だということです。ユダヤ教徒にとっては古代ヘブライ王国の都であり、旧ソロモン神殿の外壁は「嘆きの壁」と称され最大の聖地になっています。また、キリスト教徒にとってはイエスがローマにより十字架の刑に処せられ、三日後に復活したとされる場所になりますし、イスラム教徒にとっては預言者ムハンマドが昇天したとされる岩のドームのある場所なのです。つま

り、三宗教のいずれにとっても決して手放すことのできない都市がエルサレムなのです。

ここを舞台に、一一～一三世紀の二世紀にわたり戦ったのがキリスト教徒とイスラム教徒で、キリスト教徒はこれを十字軍と称しますが、イスラム側はフランクの侵略と呼んでいます。両者はその後もイベリア半島や地中海一帯で戦いました。現代でも、九一一事件後に米国の大統領がテロとの戦いを「十字軍」と呼んだのは記憶に新しいところです。

また、ユダヤ教徒はローマによる征服を機に各地に離散しますが、中世以降キリスト教の広がりに伴い、差別され迫害されるようになります。特に一九世紀のロシアや一九三〇年代のドイツの迫害は激しく、ユダヤ人の故郷への帰還を目指す運動が現実化します。

第一次大戦でユダヤ人財閥の支援を求めた英国もこれを支持し、第二次大戦後パレスチナにイスラエル（ユダヤ人の自称）が建国されました。しかし、そこにはイスラム教徒を中心とするパレスチナ人が暮らしていたのです。突然ユダヤ人がやってきて、ここは我が民族の故郷の地だといわれても、困ってしまいますよね。当然、反発して戦争になりました（中東戦争）。互いに歩み寄るしかないのですが、解決の目途は未だついていません。


〈参考文献〉
・佐藤次高『イスラーム世界の興隆（世界の歴史8）』中央公論社、一九九七年

但馬牛が食べられるのは、たたら製鉄が廃れたから?!——鉄器使用のはじまり

授業のどんな場面で使える?

鉄製の農具や武具の普及とヤマト王権の勢力拡大との関連を説明する場面が一般的です。近代の工業化の前史として、たたら製鉄に触れることも可能でしょう。

日本における鉄器使用のはじまり

日本に農耕が広まったのは弥生時代ですが、使われた道具は磨製石器と木器が主でした。木製の鍬《くわ》や鋤《すき》で耕すわけですから、田んぼも排水の悪い湿田に限られ、結果的に生産力は上がりませんでした。しかし、弥生時代の終わり頃、朝鮮半島から鉄器が伝えられると、鍬や鋤の刃先に鉄を利用することで乾田を深く耕すことが可能になり、耕地は広がり生産力も向上してきました。また、兜《かぶと》や鎧《よろい》、刀などの武具にも次第に鉄が使われるようになり、鉄の需要は増大しました。しかし、当時の日本には製鉄技術がなかったため、朝鮮の鉄に頼るしかありませんでした。そこで豪族たちは、朝鮮半島との密接な関係を通じて鉄や先進技術をもたらすヤマト王権に接近するようになり、ヤマト王権も勢力を拡大していったと考えられます。まさに、鉄を制する者は天下を制すというわけです。

日本古来の製鉄法―たたら製鉄

その後、朝鮮半島の戦乱を逃れてきた渡来人技術者たちを組織して、六世紀頃には日本でも本格的な製鉄が行われるようになりました。ヤマト王権の中心をなした大和（奈良県）や吉備（岡山県）では鉄鉱石を、また出雲（島根県）では砂鉄を原料としました。ただし、日本では鉄鉱石は少なかったため、まもなく中国山地に多く産出する砂鉄を原料とする製鉄が広がりました。この日本古来の製鉄法をたたら製鉄といいます。

「たたら（踏鞴）」とは、足で踏む「ふいご（鞴）」を指します。ふいごといってもピンとこないかもしれませんが、火起こし用の送風器のことです。大きなビニールプールに空気を入れる際、足で踏む蛇腹《じゃばら》式の道具を見たことはありませんか。あれと同じ役割を果たすものです。鉄鉱石や砂鉄は、木炭を燃焼させて還元させれば比較的低温でも溶けて飴状になりますが、それでも一四〇〇度Cくらいの温度が必要です。そこで足踏み用の大きな鞴を使って火の勢いを強くしたわけです。文部省唱歌の「村の鍛冶屋」で、「ふいごの風さえ息をもつがず、仕事に精出す村の鍛冶屋」と歌われたように、鞴や踏鞴は日本の農山村では見慣れた道具の一つでした。激しく悔しがったり怒ったりするときの表現に「地団駄《じたんだ》を踏む」という言葉がありますが、これも「地踏鞴《じだたら》を踏む」が転訛したものとされています。地面を踏んで悔しがる仕草が、踏鞴を踏む姿と似ているからなのでしょう。

なぜ中国山地一帯で肉牛生産がさかんなのか

突然ですが、皆さん牛肉は好きですか。外国産の安価な牛肉もありますが、国産牛は高価でなかなか手が出ませんね。今や、神戸牛、松阪牛、近江牛など各地でブランド化されていますが、日本の和牛のほとんど（八五％以上）が但馬牛《たじまうし》の系統だということをご存じですか。但馬とは兵庫県の北部を指しますが、昔から兵庫県、岡山県、広島県などの中国山地一帯では役牛として、多くの牛が飼育されていました。何しろ山地や高原ですから、それほど広い農地はありません。一体、何に使ったのでしょうか。江戸時代後期のたたら製鉄の約九〇％は中国地方で行われたといわれますが、たたら製鉄には燃料として大量の木炭が必要でした。その木炭用の材木（松・栗・杉・ブナなど）の輸送に利用したのです。山地ですから、坂道や険しい道も多いはずです。そうした悪路をものともせずに、重い材木を運搬するのに牛は最適でした。

しかし、明治になると八幡や釜石などの官営製鉄所で、石炭を燃料とする近代的な製鉄が行われるようになり、たたら製鉄は廃れ、それとともに牛の果たす役割も減少していきました。特に一九六〇年代になると耕耘機が農村に普及し、農耕面でも牛の用途はなくなりました。そこで生き残りをかけて、食肉用の畜産が始まったのです。折しも高度経済成長期で、日本人が日常的に牛肉を食べるようになりました。また、外国産の安価な牛肉と競争するために、品質を重視して牛肉のブランド化を進めたのです。

〈参考文献〉
・永田和宏『人はどのように鉄を作ってきたか』講談社ブルーバックス、二〇一七年

聖徳太子は実在しなかった?!

授業のどんな場面で使える?

聖徳太子や飛鳥文化を説明する場面を想定していますが、調和を重んじる日本人の心性・文化との関連でなら、いつでも扱うことができるでしょう。

現在に生きる聖徳太子

聖徳太子ゆかりの寺である法隆寺（奈良県斑鳩《いかるが》）や四天王寺（大阪市）を訪れたことのある人は少なくないでしょう。また近畿圏の方であれば、奈良県斑鳩町と大阪府太子町、兵庫県太子町が友好都市提携をしており、三町五校の中学生が毎年太子サミットを開催して交流を深めているのもご存じだろうと思います。聖徳太子は六世紀末から七世紀初頭の人ですから、一四〇〇年を越えて人々の心の中に生き続けていることになります。ところが、その実像はよくわかりません。「聖徳太子はいなかった」という説さえあるのです。一体、どう考えればよいのでしょうか。結論からいえば、かつて歴史教科書に記載され、大方の日本人の常識となっている聖徳太子の業績（冠位十二階と憲法十七条の制定、法隆寺・四天王寺の建立など）の「事実」性については疑義があるにしても、太子信仰が現在まで受け継がれてきたという「事実」自体には疑いの余地がないことです。

聖徳太子は実在したのか、しなかったのか

二〇一七年の学習指導要領改訂で世間の注目を集めたことの一つが聖徳太子でした。小・中学校の社会科で、従前の聖徳太子という呼称を「厩戸王《うまやとおう》（聖徳太子）」とする文科省案に対し一部から批判が出され、結局従前通りに落ち着いたという出来事です。実は、

聖徳太子の名前は、『日本書紀』によれば「厩戸皇子《うまやとのみこ》」、別名「豊聡耳聖徳《とよとみみしょうとく》」となっており、皇子の称号がこの時期にはまだなかった（天武朝以後の称）ことから考えると、文科省案の「厩戸王」が歴史学的には正しいといえるでしょう。ちなみに、厩戸の語源についても、厩の戸のところで生まれたからだとする説（イエス・キリストみたいですね）、厩戸という土地で生まれたとする説があり、現在は後者の地名説の方が優勢です。また、「豊聡耳」とは頭がよいことを、「聖徳」とは仏法に通じた徳を指しますが、とりわけ「豊聡耳」の語から「一度に十人の言葉を聞き分けた」という太子伝説が生まれたとも考えられます。

いずれにせよ、推古天皇（当時はまだ天皇の称号はありません）の摂政として改革を断行したとされる太子ですが、実態は大王《おおきみ》としての推古と有力豪族蘇我氏との均衡の下で、仏教に基づく政治を協力して行ったと考えるのが自然でしょう。したがって、通説として語られるような聖徳太子は実在しないが、厩戸王なる人物は実在し、やがて天皇中心の国家体制確立の過程で聖徳太子として神話化されていったというのが「事実」でしょう。

憲法十七条から考えたいこと

聖徳太子の業績として最も有名なものに憲法十七条がありますが、これについては後世の創作説、特に『日本書紀』の編纂者が作成したとする説が有力です。現状では、事の真偽はわかりませんが、ここで注目したいのは第一条の内容です。「和をもって貴しとなし、さからうことなきを宗とせよ」という有名な条文です。それだけ、当時の世相が争いに満ちていたのでしょうが、私にはここに日本人の宿痾《しゅくあ》があるような気がしてなりません。つまり、まず「仲よくしなさい」が出発点になるのです。そうすると、自己主張を抑えて他者への同調を暗に求めることになりはしないでしょうか。また、その結果、場の空気を読むことを重視して、空気を読めない（読まない）者の排除につながりはしないでしょうか。

この対極にあるのが西洋です。例えば、新約聖書の『ヨハネによる福音書』の冒頭には「はじめに言葉（ロゴス）ありき」と書かれています。ここで聖書の解釈に立ち入るつもりはありませんが、第一に言葉を重視するのです。どちらが世界標準といえるでしょうか。現在、日本社会の急速な国際化と少子高齢化の中で、世界で通用するグローバル人材の育成や移民を含む外国人労働者などの受け入れが議論になっています。そこで大切になるのは、まず自己の考えを述べ、議論を通して合意を探ることではないでしょうか。日本社会をより開かれたものにするためにも、これらの言葉のもつ意味について考えたいものです。

〈参考文献〉
・五味文彦・野呂肖生編著『ちょっとまじめな日本史Q&A・上』山川出版社、二〇〇六年

なぜ、小野妹子は皇帝を怒らせる国書を持参したの?!

授業のどんな場面で使える?

資料（小野妹子が持参した隋の煬帝への国書）を読解・説明する場面を想定しますが、奈良時代の遣唐使の派遣に関する補足説明としても使えます。

隋の皇帝を怒らせた国書とは

日本では『日本書紀』を基にして、遣隋使は六〇七年の小野妹子を初発に、翌六〇八年と六一四年の計三回派遣したことになっていますが、中国側の『隋書』によれば、この他に六〇〇年、六一〇年にも遣使を迎えたと記されています。ただし、なぜ『日本書紀』がそれらを記さなかったのかについてはいまだ定かではありません。

それはともかく、小野妹子が持参した国書には、「日出づる処の天子、書を日没する処の天子に致す。恙無《つつがな》きや云々」と書かれていました。倭を太陽が昇る国、隋を太陽が沈む国と称したばかりか、どちらも「天子」として対等の姿勢を示したのです。これを見た隋の第二代皇帝煬帝《ようだい》は、「蛮夷の書、無礼なる者あらば、復た以聞するなかれ」と不快感をあらわにしたといいます。南朝の陳を滅ぼして中国全土を統一した皇帝からすれば、当然でしょう。では、なぜ小野妹子は皇帝を怒らせるような国書を持参したのでしょうか。

中国と対等姿勢を示したい日本の事情

確かに、倭王武（ワカタケル＝雄略天皇？）が南朝の宋に遣使して以来、一二〇年余りがたっており、外交儀礼に疎くなっていた可能性もありますが、それなら以後の遣隋使・遣唐使においても礼を尽くせばよいはずです。でも、そうはならずに、敢えてといいますか、執拗なまでに対等な姿勢を貫こうとしています。おそらく何らかの事情があったのに違いありません。実は、その理由は国内と朝鮮半島の双方にあったと考えられます。

まず、六世紀半ば頃の朝鮮半島では、北の高句麗、南東の新羅、南西の百済の三国が互いに領土の拡大を目指して争っていました。そんなときに頼りになるのが、周辺諸国の支援です。特に大国の中国の存在は決定的でした。そこで、三国共に中国に新たな王朝が誕生すると先を争って朝貢し、臣下の礼を尽くしました。そうすることで、中国の皇帝から、その地の王としての承認が得られるとともに、他国の侵入を受けた場合には援軍が期待できたからです。こうした東アジアの国際システムを冊封《さくほう》体制といい、一九世紀末まで続きました。ただし、三国共に中国の臣下になれば、結局元の状態と変わりませんね。

そこに、日本がキャスティング・ボートを握る理由があったのです。たとえ中国ほど頼りにはならないにせよ、いわば後方の安全を確保するために、新羅や百済にとっては日本と提携すること、少なくとも日本を敵に回さないことが重要でした。そこで、時に日本に対して朝貢姿勢を示すことになったのです。また、国内で絶対的な地位を確立したわけではないヤマト王権にとっても、朝鮮諸国を属国視することで、大王の権威を有力豪族に見せつけることができました。隋や唐に臣下として朝貢すれば、その時点で朝鮮諸国と同格になってしまい、ヤマト王権を朝鮮諸国の上に位置づけることができなくなります。だからこそ、中国と対等の姿勢を貫く必要があったのです。では、中国はそんな日本をどう見ていたのでしょうか。もちろん、朝鮮諸国同様、あくまでも朝貢使としての扱いでした。

大伴古麻呂の争座事件

これは第十次遣唐使（七五二年）に関わる事件です。時に、唐は玄宗皇帝とその寵愛を受けた楊貴妃一族の全盛期でした。年が明けて、長安城の蓬莱宮では皇帝の臨席の下に新年祝賀の儀が執り行われ、諸国の使節が参列しました。ところが、その後の宴席の席次を見て、副使の大伴古麻呂《おおとものこまろ》が激怒したのです。なぜなら、正面の皇帝を挟み、東側の第一席が新羅、第二席が大食《タージ》（イスラーム帝国）、西側の第一席が吐蕃《とばん》（チベット）、そして第二席が日本だったからです。相撲の番付にたとえるなら、新羅が東の横綱で日本は西の大関です。これでは新羅の朝貢を受け、属国視してきた日本の外交が破綻してしまいますね。古麻呂は厳重に抗議しました。唐側は困惑したようですが、結局新羅が折れて日本の席次と交替し、事なきを得たということです。日本の駄々っ子ぶりにも意図はあったのです。

〈参考文献〉

・高木博『萬葉の遣唐使船』教育出版センター、一九八四年

■近世までの日本とアジア　古代までの日本

白村江での敗戦が、日本の律令国家体制を確立させた?!

授業のどんな場面で使える?

大化の改新後の国際関係を説明する場面を想定しますが、防人や古代山城については、万葉集（防人の歌）や近世の城に触れる際に関連づけて扱うこともできます。

白村江の戦い──古代の日中戦争？

古代の日本にとって、外国軍の侵攻を招きかねない最大のピンチとなったのが、白村江《はくそんこう》の戦いの敗北（六六三年）でした。白村江とは朝鮮半島西岸を黄海に向けて流れる現在の錦江《きんこう》を指すと考えられます。その河口付近で百済の救援に向かった倭国の水軍と、新羅と結んで百済を滅ぼそうとする唐の水軍が戦い、倭軍が大敗を喫したのです。朝鮮をめぐる日本と中国の戦いといえば、一九世紀末の日清戦争を想起しますが、それより一二〇〇年以上も前に同様の戦争があったとは驚きですね。

四世紀以来、朝鮮半島では高句麗、新羅、百済が鼎立《ていりつ》する三国時代が続いていましたが、七世紀半ば近くに百済が高句麗と結んで新羅領の蚕食《さんしょく》を始めると、新羅は唐に救援を要請しました。唐にとって、冊封した王の要請ですから出兵しないわけにはいきません。また、国境を接する高句麗は隋代以来、目の上のたんこぶでもありましたから、これを機会に高句麗の征服を図りました。とはいえ高句麗は強敵ですから、まずは新羅と連合して百済を攻めたのです。六六〇年に王都が陥落し、百済は滅びましたが、唐軍の主力が去ると遺臣が反乱を起こし、百済の復興運動を展開しました。倭国はこれに応えて、人質として来ていた百済王子を帰国させるとともに、援軍の派遣を決定したのです。

敗戦の衝撃と唐の襲来への備え

ただし、この戦争自体はわずか二日間であっけなく勝敗が決しましたし、主役はあくまで新羅と百済でした。また、唐側には倭国と戦ったという意識は低かったでしょうから、安易に日清戦争と類比するのは避けた方がよいかもしれません。でも、当時の日本にとってこの戦いの敗北は深刻でした。唐と新羅による対高句麗戦争（六六八年、高句麗滅亡）が開始され、次にいつ唐が日本に攻めてくるかわかりません。こうした緊張の中で、まずは様々な国土の防衛策を講じました。続いて、政権の安定化を図る必要にも迫られました。それが最終的に意味するのは、唐にならった律令国家体制の確立です。

敗戦の翌年、中大兄皇子《なかのおおえのおうじ》は対馬・壱岐・筑紫に防人《さきもり》と烽火《とぶひ》（山の頂などで火を焚き敵の襲来などを報せる施設）を設置し、大宰府の防衛のために水城《みずき》を築きました。さらにその翌年以降、亡命してきた多数の百済人の技術を用いて、筑紫の大野城をはじめ、大和に至る瀬戸内各地に朝鮮式山城を造った他、最前線ともいうべき対馬に金田城を築き、防衛体制を固めました。六六七年に都を近江宮（大津）に遷したのも唐の襲来への備えと考えられます。そして、中大兄は正式に天皇に即位して（天智天皇）、日本最初の法典である近江令を定め（近江令の存在を否定する説もあります）、全国的な戸籍をつくりました。

防人と古代山城

防人は中国で辺境防衛のための兵士を指す「防人」の字に、日本で島や岬の守りについた「さきもり（崎守）」の読みを充てたものと考えられます。白村江の敗戦後、九州北部の最前線に派遣された兵士のことで、任期は原則三年、主に東国の兵士が徴集されました。給与などはありませんから、警備に就くときを除けば、土地を開墾・耕作して自給したものと思われます。白村江の救援軍は西国出身者を主としていましたが、長期の防衛体制となると、農業生産力も西国に比べて劣る東国兵を集める方が得策だったのでしょう。八世紀半ばには九州からの徴兵になり、平安時代には徐々に規模が縮小されて消滅しました。

日本で「城」といえば通常、領主の防衛拠点としての城塞のことですが、中国やヨーロッパでは長安城とか○○ブルク、△△ブール（城壁の意）というように、城壁で囲まれた都市を指します。また、三国時代の朝鮮では主に山の峰や斜面に石塁や土塁をめぐらして、谷間の集落や要地の防衛を図りました。日本に残されている朝鮮式山城は三〇程あるといわれます。短期間にこれだけ造れたのは、百済人の指導と協力があったからこそでしょう。

〈参考文献〉
・鬼頭清明『白村江　東アジアの動乱と日本』教育社歴史新書、一九八一年

鑑真和上の「和上」って何?!
――鑑真の招請と鎮護国家

授業のどんな場面で使える?

奈良時代の仏教の鎮護国家的性格や天平文化の国際性を説明する場面を想定します。特に、僧侶になるための戒律のもつ意味について考えさせる場面が最適です。

鑑真和上とは

鑑真が唐の高僧であるのは知っていても、和上とは何かご存じでしょうか。通常、お寺の僧侶のことを「おしょうさん」と呼びます。漢字では和尚と書きますが、なぜ鑑真は和尚ではなく和上なのでしょう。実は、和尚はインドの古い言葉である梵(サンスクリット)語のオッジャー(師匠の意)に由来するといわれます。この音を漢字で筆写したのですが、鑑真が日本に伝えた律宗では和上の字を充てたのです。また、和尚の読み方も宗派により異なり、禅宗や浄土宗では「おしょう」、天台宗や華厳宗では「かしょう」、真言宗や法相宗では「わじょう」と読みます。ですから、正式に呼ぶ場合は宗派を考えなくてはいけないということになりますね。

さて、律宗とは文字通り「戒律」(修行者の生活規律)の研究と実践を行う仏教の一派で、鑑真は唐代に道宣が開いた南山律宗の系統に属します。揚州に生まれ、一四歳で出家して修行を積み、二〇歳で長安に入って律宗や天台宗を学んだ後、揚州に戻って大明寺の住職になりました。その間、数万の人に戒律を授けたといわれます。遣唐使船で日本からやってきた僧たちの熱心な招請を受けて、ついに渡航を決断したものの、弟子たちの反対や密告、船の難波などで五度にわたり失敗し、その苦難のせいか失明するに至りました。

それでも、六度目に第十次遣唐使の帰国船に乗船が叶い、沖縄、種子島を経て、七五三年ついに日本に到達しました。なお、このとき、鑑真は遣唐副使の大伴古麻呂とともに第二船に乗って渡日を果たしましたが、正使藤原清河や阿倍仲麻呂らの乗った第一船はベトナム北部に漂着し、ついに帰国を果たすことなく唐土で生涯を終えています。日本から中国への渡航は、行き先が大きいので多少流されても辿り着けますが、逆の場合は日本が小さな島なだけに成功の確率は低く、鑑真の渡日に反対する弟子が多かったのも肯けますね。

なぜ戒律を授けることが重要なのか

まず確認しておきたいのは、この時代の仏教の特質と人々の仏教に対するイメージです。現在の私たちからすると、仏教は個人の解脱や救いを目的としており、何となく年寄りじみた古くさいイメージがつきまとうのではないでしょうか（熱心な若い仏教徒の方がおられたら、ごめんなさい）。でも、ヤマト王権や奈良時代の仏教は鎮護国家、すなわち国家の安寧と君主の繁栄のための一種の呪術であり、外来文化の象徴として先端的なイメージを人々に与えていました。だからこそ聖武天皇は全国に国分寺や国分尼寺を建立し、都には巨大な盧舎那仏を造って黄金でメッキしたのです。

ただし、「仏作って魂入れず」の諺があるように、どんなに立派な寺院や仏像を造っても、自ら戒律に従って修行し、また人々に戒律を授ける僧がいなければ、実際に機能しません。聖徳太子が定めたとされる憲法十七条の第二条「篤く三宝を敬え。三宝とは仏法僧なり」を思い出し、その意味を再確認したいものです。とはいえ仏教は異国（とつくに）の神。戒律を授けるといっても、その主旨や儀式を熟知した者はいませんでした。皆、自己流で出家して修行し、ひどい者に至っては税逃れのためだけに出家し修行もろくにしなかったのです。これでは鎮護国家も危うくなりますね。

そこで、先進国の唐から、授戒の原理と方法を体得した高僧を招請しようということになったのです。鑑真は七五四年、まず大宰府の戒壇院にて初めての授戒を行い、続いて入京後には東大寺大仏殿前に設けた戒壇にて、聖武太上天皇、光明皇太后、孝謙天皇に菩薩戒（信者の守るべき戒律）を、また四〇〇名の僧には具足戒（僧の守るべき戒律）を授けたといわれます。まもなく東大寺に常設の戒壇院が設けられ、戒律制度が確立していきました。鑑真は来日後五年程、東大寺に住みましたが、七五九年には下賜された西の京に移り、戒壇院を造りました。現在の唐招提寺の始まりです。そして四年後に入滅しました。

〈参考文献〉

・東野治之『鑑真』岩波新書、二〇〇九年

菅原道真は学問の神ではなく、祟り神と呼ばれていた?!

授業のどんな場面で使える?

平安時代における国風文化興隆の背景を説明する場面や、天災・疫病への恐れから御霊信仰が生まれた背景を説明する場面で扱うことができます。

主なしとて春な忘れそ

平安時代中期の貴族、菅原道真は早くからその学才を顕していましたが、宇多天皇の信任を得て出世し、八九四年には遣唐大使に任命されました。実に五六年ぶりの遣唐使の派遣です。しかし、すでに唐の衰微は著しく、危険を冒してまで唐に渡る意義が低いことを奏上し、結局遣唐使の派遣は停止されました。唐の滅亡はそれから一三年後のことです。

まもなく宇多天皇は譲位して上皇となり、若き醍醐《だいご》天皇の補佐役として道真（右大臣）と藤原時平《ふじわらのときひら》（左大臣）の二人を指名しました。しかし両雄並び立たずの言葉通り、やがて二人の間に対立が芽生えます。貴族の多くが前《さき》の関白太政大臣基経《もとつね》の長男である時平の側につき、学者肌の道真は孤立していきます。道真は上皇に相談をもちかけますが、時平は天皇や公卿などと気脈を通じて対抗しました。そして、ついに事件が勃発します。

九〇一年正月、醍醐天皇は突如道真を大宰権帥《だざいごんのそち》に左遷する詔書を発したのです。理由は、道真が醍醐天皇を廃して娘婿である斉世《ときよ》親王（天皇の弟）の即位を企てたというものです。無論、それは時平の策略であり、謀反の事実はありませんでしたが、政争に敗れた道真は旅支度を整える間もなく九州へ下向しました。そのときに詠んだのが次の歌です。

東風《こち》吹かば　匂《にお》ひをこせよ　梅の花　主《あるじ》なしとて　春な忘れそ／春を忘るな（両説あり）

追放は道真一人に止まらず、四人の息子がそれぞれ土佐、駿河、飛騨、播磨へと流されました。道真はこのときのことを次のように記しています。「父と子が筑紫ほか五カ国に流され、余りのことに言葉も出ず、眼には血がにじんでしまうほどである」（現代語訳）と。道真は一言の弁明も許されぬまま大宰府で謹慎し、二年後に五九歳で亡くなりました。

道真の祟りか━朝廷のその後

興味深いのは政争に勝った者たちのその後です。道真の死後、相次いで不幸が襲いました。まず、道真の左遷を阻止すべく宇多上皇が参内《さんだい》したとき、それを天皇に取り継がなかった蔵人頭《くろうとがしら》が死に、翌年には謀略の張本人時平も三九歳で、また時平に加担して道真の後に右大臣に昇進した源光《みなもとのひかる》も狩猟中に泥沼にはまって奇怪な死を遂げたのです。結局、死体は上がらず、道真の祟《たた》りではないかとの噂が流れました。さらに、この前後の年には旱魃《かんばつ》が続き疫病が流行しています。皇太子が若くして亡くなるという事件もあり、ついに醍醐天皇は九二三年、道真を右大臣に復すとともに九〇一年の左遷の詔書を破棄しました。天変地異や不幸は、恨みをもって死んだ者の怨霊《おんりょう》によるものと信じられていたからです。

しかし、その後も朝廷の不幸はやみませんでした。九三〇年六月、旱魃に対する雨乞いを検討すべく、太政官の会議が開かれていた清涼殿《せいりょうでん》に落雷があり、多くの公卿が惨い死に方をしたのです。醍醐天皇は難を逃れましたが、ショックで体調を崩し、三か月後に亡くなります。胸を焼かれて即死した大納言藤原清貫《ふじわらのきよつら》は、かつて大宰府に流された道真の監視役をしていただけに、道真の怨霊説がまことしやかに語られました。それとともに道真が雷神と結びつけられるようになります。都に落雷があっても、道真の屋敷跡の桑原の地には落ちなかったことから、「クワバラ、クワバラ」の語が生まれたともいわれます。

いつしか学問の神へ

一〇世紀半ば、朝廷は道真の怨霊を鎮めるべく、道真を祭神とする神社を北野の地に創建し（現在の北野天満宮）、毎年御霊会《ごりょうえ》を主催することになります。祟り神は手厚く祀ることで守護神になると信じられたところから、全国各地に分社が創られて行きます。当初は祟り神として畏れられた道真も、貴族の時代が終わる頃には詩文に秀でた本来の姿が強調されるようになり、学問の神とされるに至るのです。なお、天神様には牛（撫で牛）がつき物ですが、道真と牛をつなぐ言い伝えは多く、どれももっともらしく聞こえます。是非、近所の天神様の縁起を読むなどして確かめてみてください。

〈参考文献〉
・川崎庸之他監修『読める年表［決定版］』自由国民社、一九九一年

藤原道長は糖尿病だった?!
―平安時代の貴族の暮らし

授業のどんな場面で使える?

摂関政治と藤原道長の権勢を学習する場面を想定しますが、平安時代の文化との関連で貴族の暮らし（衣・食・住など）を説明する場面でも扱うことができます。

望月の欠けたることもなし

藤原道長といえば平安中期の貴族で、摂関政治の最盛期を現出した人物として小学校でも取り上げられます。その権勢を象徴する歌、「この世をば　我が世とぞ思ふ　望月の欠けたることも　なしと思へば」は有名ですね。道長、五二歳の頃に詠んだものであることは、同時代の貴族で学識高く権力に阿《おもね》ることのなかったと評判の藤原実資《ふじわらのさねすけ》の日記『小右記《しょうゆうき》』により知ることができます。また、この日記では道長について、口の渇きが激しくてよく水を飲む、視力が低下して近くのものもよく見えない、背中に腫れ物ができたなどと書かれており、晩年の道長が糖尿病を患い、白内障などの合併症も引き起こしていたことを示しています。そうなると、権勢を誇ったとされる右の歌も、本当に月の満ち欠けが見えなくなっていたという可能性がありますね。持病の心臓神経症も悪化したようで、この歌の翌年には剃髪して出家したようです。権力者も病気には勝てませんね。

貴族の食事は豪華だったか

道長が糖尿病を発症した理由として、第一に遺伝的体質が指摘されています（兄、叔父、甥も糖尿病）が、やはり栄養の偏りと運動不足も大きいと考えられます。そもそも運動やスポーツというのは近代の概念ですから、前近代にあっては仕事で体を動かすことはあっても、健康のために体操したり走ったりはしませんでした。体操は、明治になってから、軍事教練の一環として導入されたものですし、行進したり走ったりするのも学校で習って初めてできるようになったのです。江戸時代に走れたのは、多分、忍者と飛脚くらいで、特に庶民が火事などで慌てて逃げるときは、「ええじゃないか」のような恰好ではなかったかと想像されます。人間の体やしぐさも時代により「創られる」ということですね。

それはさておき、平安時代の貴族の食事について、生徒用資料集などを見ると、海のものから山のものまでかなりの種類が挙げられており、贅沢三昧だったように感じますね。確かに、当時の庶民と比べればそうでしょうが、現在と比べると可哀想ですよ。なぜなら、それらのほとんどが乾物（干物）や漬物で、生鮮品はありませんでしたし、現在のような調理の概念がなかったので、お膳の乾物を小刀で削いで椀に入れ、それに湯を注いでから、自分で塩、醤（ひしお）、酢をかけて食べたようです。まるで現在のインスタント食品みたいですね。私たちもたまに食べると美味しいと思いますが、道長は毎日それだったのですから、当然栄養は偏るでしょう。寝殿造の邸宅で、夜型の生活を送り（庭園の池に船を浮かべ、管弦の調べに乗せて歌を詠むのも月の夜でした。もちろん、女性のもとに通うのも夜です）、戸外で陽を浴びることも少なかったのですから、健康には最悪ですね。

貴族はつらいよ―十二単は重かった

平安時代の女性といえば、清少納言や紫式部が有名です。後輩の紫式部はかなりライバル心があったみたいで、髪の薄くなった晩年（といっても四〇代）の清少納言を覗き見て、「女は早く死ぬべきだ」と言っています。女の敵は女といったところでしょうか。

当時の貴族の女性は、百人一首の絵札からもわかるように、色鮮やかな衣服を何枚も重ね着していました。必ずしも十二枚ではなかったのですが、「たくさんの」という意味で、十二単《じゅうにひとえ》と呼ばれるようになりました。正式には「裳唐衣《もからぎぬ》」と称し、およそ二〇キロの重さがあり、現代の女優がそれを着ると廊下の角が曲がれないといわれるほどです。当時の女性は今よりずっと小柄でしたが、あまり動くこともなかったからよかったのでしょう。要するにファッションですから、現在のハイヒールやコルセットと同じで、美しく見せるためには苦労もいとわなかったのかもしれません。なお、仕切りもない寝殿造の冬は寒く、綿もまだなかった（日本では戦国時代以降に普及）ためたくさん重ね着して、夜はそれをかけて寝たのでしょう。「貴族はつらいよ！」ですね。

〈参考文献〉

・樋口清之『食べる日本史―食べ物が歴史を変えた』柴田書店、一九七六年

後三条天皇は親馬鹿だった?!
―白河上皇の登場と院政の始まり

授業のどんな場面で使える?

院政が成立した背景を説明する場面を想定しています。摂関政治から院政への転換とその弊害について、白河上皇の歩みと人間性を中心に語りたいものです。

院って何？

院政について考える前に、そもそも院って何なのでしょう。寺院、病院、大学院、修道院と世の中には多様な院がありますね。漢和辞典で調べると、こざと偏（阝）は阜の簡略形で「築地《ついじ》（土塀）」を指し、音符の完は「めぐらす」という意を表すことから、家の周りにめぐらした土塀やその土地、その家を意味することがわかります。確かに寺院や病院は敷地も広く、周囲を塀で囲ってあることが多いですね。

院政の院は上皇の暮らした建物や屋敷を指しますが、上皇が天皇に代わって政務を行うようになると、上皇そのものをも院と呼ぶようになりました。生前に天皇を退位して上皇になる例は珍しくありませんでしたが、政治を左右するようになったのは白河上皇が最初です。そこで一一世紀末の白河上皇の登場をもって、院政の始まりといいます。

摂関政治から院政へ

平安時代の摂関政治は、一一世紀前半の藤原道長・頼通父子のときに全盛期を迎えます。頼通や弟の教通《のりみち》は、天皇の外戚《がいせき》（后や母后の親族）としての地位を維持するために、それぞれ娘を天皇に輿入《こしい》れさせましたが、結局皇子には恵まれませんでした。一〇六八年に即位した後三条天皇は摂関家と姻戚関係がないばかりか、三五歳と働き盛りであったため、摂政・関白を必要とせず、藤原氏に政治に介入する隙を与えませんでした。後三条天皇は即位後四年で長男の白河天皇に譲位し、自らは上皇として院庁《いんのちょう》を開設します。その目的は、長男を早く天皇にすることで、寵愛する夫人との間に設けた次男（ないし三男）を皇太子として認めさせ、次の天皇への道筋をつけることにあったといわれます。我が子は可愛い、特に複数の女性を後宮《こうきゅう》に迎えていた時代にあっては寵愛した夫人の子ほど可愛かったのでしょう。ところが、後三条は院政をする間もなく半年で他界してしまいます。最期《さいご》の際《きわ》にあっても皇太子の行く末が気になったようで、次男にもしものことがあったら三男を皇太子にするよう言い残したと伝えられます。権力者といえどもやはり親馬鹿ですね。

さて、いよいよ白河天皇の登場です。時に二〇歳。後三条の遺言に従えば中継ぎみたいなものですが、白河天皇は違いました。寵愛する夫人との間に皇子が誕生し、さらに皇太子の異母弟が病気で早世すると、父の遺志に反して自らの皇子を皇太子にしたのです。そして即日、皇太子に位を譲り（堀河天皇）、自らは上皇となりました。当然、八歳の天皇に政務が執れるはずもありませんから、白河上皇が院庁を開いて政治を行ったのです。同時に、直系の皇太子を設けるべく、天皇の後宮には年上の女性を次々と入内《じゅだい》させました。孫が誕生したときには涙を流して喜んだといわれます。そして、堀河天皇が二八歳の若さで亡くなると、この孫が鳥羽天皇として即位します。わずか五歳でしたから、白河上皇の院政は継続しました。そして、鳥羽天皇に皇子が誕生すると、白河上皇の意向で強引に退位させ、曾孫の崇徳《すとく》天皇が誕生します。鳥羽天皇も上皇となったため、白河を本院、鳥羽を新院と呼んで区別したとのことです。こうして、白河上皇は堀河、鳥羽、崇徳天皇の三代、四三年にわたって院政を布《し》き、摂政・関白は完全に有名無実化しました。

白河上皇の力の源泉

白河上皇の意のままにならないものは「賀茂川の水、双六《すごろく》の賽《さい》、山法師《やまほうし》（比叡山の僧兵）」（『平家物語』）といわれるほど、先例にとらわれない強力な政治を行いましたが、その力の源泉はどこにあったのでしょう。第一に摂関家を牽制すべく院庁に出仕する近臣には中・下級の貴族を充てたこと、第二に近臣の任命や官位の授与などの人事権を握ったこと、第三に藤原摂関家や延暦寺・興福寺などの寺院勢力に対抗するため、北面の武士を設けて院の軍事力を確立したことなどが挙げられます。しかし、院と天皇の対立、貧富の差の拡大、武士の台頭などにより、時代は大きく古代から中世へと転換していくことになります。

〈参考文献〉
・笠原英彦『歴代天皇総覧―皇位はどう継承されたか』中公新書、二〇〇一年

平家蟹には平家の怨念がとりついている?!
―平清盛の構想した西国国家

授業のどんな場面で使える?

院政期に武士団が成長してくる過程、特に清盛による平氏政権の性格や特色を説明する場面を想定します。清盛と頼朝の国家像を対比させてもおもしろいと思います。

平家蟹の名前の由来

皆さんは、平家蟹《へいけがに》をご存じでしょうか。多分、名前は聞いたことがあるけど見たことはないという人が多いでしょう。瀬戸内海や日本近海でよくとれる小型のカニで、食用にはなりません。甲羅の凹凸がまるで人の怒った顔や苦しむ顔に見え、しかも瀬戸内海でとれることから、壇ノ浦で滅んだ平家の怨霊がとりついたのではないかと言い伝えられてきました。漫画や民話のカニは可愛く描かれますが、実際のカニをよく見ると、平家蟹でなくても怖い顔つき?!をしていますよ。見る側の心情にもよるのでしょうが…。

それはさておき、日本には平家の落人伝説の残る集落が各地にありますね。全国に二〇〇カ所近くあるそうです。特に、南九州、四国、山陰、北陸、紀伊半島の内陸山間部に多いようです。「平氏にあらずんば人にあらず」と豪語した平家も、「おごれる者久しからず」(『平家物語』)で、短期間に栄華から奈落の底へと落ち込んでしまいました。私たちはどうしても勝者の視点で歴史を見がちですが、時には敗者の見た夢を想像してみたいですね。果たして清盛の見た夢、あるいは目指した道とは何だったのでしょう。

太政大臣、清盛の意味するもの

平治の乱に勝利した平清盛は、院政を布く後白河法皇の信任の下に、まもなく律令制の最高官職である太政大臣に上り詰めました（一一六七年）。後に平家を倒す源頼朝は、征夷大将軍に任命され（一一九二年）鎌倉に幕府を開きますが、両者のこの違いは何でしょう。それは、清盛が朝廷を中心とする貴族社会の中で権力を確立しようとしたのに対し、頼朝は朝廷とは独立した武家政権を東国につくろうとしたのです。頼朝については、また次項で説明します。さて、清盛は娘の徳子（建礼門院）を高倉天皇の后にするなどして、さらに勢力の拡大を図りました。そして、それに反発する院側近の陰謀を抑え、後白河法皇をも幽閉して平氏政権を確立したのです（一一七九年）。清盛、六二歳のときでした。

翌年、徳子の産んだ安徳天皇を三歳で即位させ（高倉天皇が上皇として院政）、平家の支配は盤石に見えましたが、皇位への望みを絶たれた後白河法皇の子の以仁王《もちひとおう》が、源頼政（源氏ですが頼朝とは家系を異にし、平氏政権の中で出世していました）と組んで平家追討を宣言、諸国の源氏がこれに呼応して挙兵しました。清盛は、まもなく頼政と以仁王を倒すと、天皇や上皇を連れて福原（現在の神戸）への遷都を敢行したのです。

清盛の構想した西国国家とは

清盛が平家への不満をもつ公家や寺院から距離を置こうとしたのは推測できますが、なぜ福原だったのでしょう。それは福原を見ていただけではわかりません。そもそも清盛の経済的基盤はその一族が国守となった国と多くの荘園ですが、同時に早くから日宋貿易に着目し、そこからも莫大な利益を手にしていたのです。すでに祖父や父の代から、西国の水軍や海民を組織して「海の武士の棟梁」としての性格を帯びていたといわれます。清盛はこれを受け継ぎ、平家納経や社殿の造営により安芸厳島神社《あきのいつくしまじんじゃ》を平家の氏神と位置づけるとともに、音戸の瀬戸（呉と倉橋島の間の海峡）や大輪田泊《おおわだのとまり》（現在の神戸港）を修築し、それまで九州や日本海岸に寄港していた宋の貿易船（唐船《とうせん》と称しました）を畿内近くまで迎え入れることができるようにしました。いわばその仕上げが福原遷都だったのです。

しかし、頼朝などの挙兵を前に、半年もたたぬ間に新都造営を断念し、都を京都に戻さざるをえませんでした。清盛はまもなく熱病にかかり、六四歳で生涯を終えています。頼朝は、将軍と御家人との御恩と奉公の関係に基づく国家の樹立を目指して、やがて鎌倉幕府（東国国家）の創設に成功します。他方、福原から厳島を経て大宰府へと向かう瀬戸内航路を中軸に、日本海や太平洋の航路も押さえて、遠く宋や高麗との海洋交易を基盤とする西国国家を構想した清盛の夢は、ここにあえなく潰え去りました。

〈参考文献〉
・網野善彦「西国国家の夢」『朝日百科日本の歴史４』朝日新聞社、一九八九年

中世の日本

「判官贔屓」の由来は源義経にあった?!

授業のどんな場面で使える?

源平争乱での義経の活躍、頼朝と義経の対立の場面が最適ですが、後の蒙古襲来やアイヌ文化との関連で義経＝チンギス・ハン説や北行伝説に触れることもできます。

判官贔屓とは

源義経は平氏追討の功績を認められ、後白河法皇から左衛門少尉《さえもんのじょう》（律令制下の官職で判官《ほうがん》ともいう）、検非違使《けびいし》（京都の警察・裁判を司る役職）に任じられたことから、九郎判官《くろうほうがん》（九郎は源義朝の九男であったことからつけられた通称）と呼ばれるようになりました。しかし、まもなく兄頼朝の怒りを買い、京都を逃れて奥州平泉の藤原氏を頼りましたが、頼朝の圧力の前に藤原氏に攻められ一一八九年、衣川館《ころもがわのやかた》で自刃、三一歳のときのことです。手柄を立てながら、若くして兄に滅ぼされた不遇の身の上に後の人々が同情し、贔屓したことからこの言葉が生まれました。特に、室町時代に創作された軍記物語『義経記《ぎけいき》』は、義経伝説と判官贔屓《ほうがんびいき》の広がりに大きな役割を果たしたといわれます。

なお、鎌倉時代以降、律令制の官職は次第に有名無実化していきますが、武士にとって官位は一定の権威づけになったのでしょうか、特に武官の左衛門尉は江戸時代の武士に好まれたそうです。テレビ時代劇の『遠山の金さん』では、金さんが奉行として裁きの場に登場するシーンにおいて、「北町奉行、遠山左衛門尉様、御出座（おなり）」の声がかかりますね。江戸の町奉行、遠山影元（通称金四郎）も左衛門尉だったのです。

なぜ頼朝と義経は対立したのか

頼朝と義経は異母兄弟でした。父、義朝が平治の乱に敗れて殺されると、勝った清盛の命により、一四歳の頼朝は伊豆に流され、二歳の義経は鞍馬寺に預けられた後、奥州の藤原氏の下に身を寄せました。それから二〇年、後白河法皇の皇子以仁王《もちひとおう》が諸国の源氏に対し平氏追討の命令を発し、戦いが始まりました。頼朝が挙兵すると、義経も駆けつけて、涙の再会を果たしました。そして、平氏に不満をもつ武士を味方につけて関東を平定し、鎌倉に拠点を定めたのです。その後は、皆さんがよくご存じのように、義経の軍功により源義仲を倒し、一ノ谷、屋島、壇ノ浦の戦いで平氏を破り滅亡させました。

普通なら、兄として弟の活躍を褒め称え、褒美を与えてもよいくらいですね。ところが、頼朝は褒めるどころか、義経が鎌倉に入るのを許さず（鎌倉の近くまで来ていたのですよ）、逆に京に戻るよう命じました。こうして兄弟の対立は決定的になっていったのです。なぜでしょうか。それは、頼朝と義経とでは考え方、つまり武家社会のあり方についての考えが全く違っていたことが大きいと思います。おそらく、義経の方は仇敵の平氏を倒して、源氏がかつての平氏の地位に就けばそれでよかったのでしょう。だから、とにかく戦いに勝つことを優先し、その結果、朝廷から官職を受けるのも当然と考えたのです。

しかし、頼朝は違いました。京の朝廷とは独立した武家政権を東国に樹立しようとしていたのです。そのためには頼朝の下に馳せ参じた御家人を大切にしなければなりませんし、朝廷とは一線を画す必要があります。義経はあくまで都にあこがれる旧時代の貴族であり、頼朝は地方に根を下ろす新時代の武士だったのです。

義経伝説とその背景

京都五条大橋での弁慶との出会い、北陸安宅関《あたかのせき》で関守富樫《とがし》に見咎められ弁慶に杖で打たれる場面（『勧進帳《かんじんちょう》』）など、謡曲や歌舞伎、絵本やドラマで有名な判官物から、不死伝説、義経＝チンギス・ハン説に至るまで義経にまつわる物語や伝説は少なくありません。特に江戸時代には、衣川で死んだのは身代わりで義経は蝦夷地に渡って王となり、オキクルミ（神）としてアイヌの人々に崇められたとする義経北行説が広まりました。大正時代には、義経が北海道からさらに大陸に渡り、チンギス・ハンとしてモンゴル諸族を統一したとする説まで語られました。前者は和人の蝦夷地侵出盛んな時代、後者は日本の中国侵出が激しくなる時代であり、そうした時代背景があったからではないかと考えられます。

〈参考文献〉
・奥富敬之『義経の悲劇』角川選書、二〇〇四年

中世の武家社会で悪口が罪になったというのは本当?!

授業のどんな場面で使える?

御成敗式目について説明する場面を想定しますが、室町時代の自力救済が広まる社会の事例として、悪口のもつ意味や罪に触れることも可能です。

ジダン選手の頭突き事件

二〇〇六年のサッカーW杯ドイツ大会決勝戦で、この事件は起こりました。フランス代表の司令塔ジダンが、イタリア代表のセンターバック、マテラッツィの胸元に突然頭突きをくらわしたのです。一対一の延長戦後半五分、ちょっとしたプレイで言い争いとなった挙げ句のことでした。もちろん、ジダンはレッドカードで退場となり、PK戦の末にイタリアが優勝を果たしました。ジダンは、この試合を最後に引退することを宣言していただけに、後味の悪い結果になりましたが、頭突きの原因はマテラッツィがジダンの姉を侮辱する汚い言葉を使ったことにあるといわれています。

アメリカ映画などを観ていると、「私生児」「売女の子」などの家族や性にまつわる悪口は決して珍しくありませんが、それを直接相手にぶつけると大概殴り合いになったりしますから、やはり言ってよいことといけないことがどこの国や社会にもあるのでしょう。日本社会でも、差別（人種、障害、部落差別など）やイジメに関わる中傷や落書きは論外として、言った側にそれほど悪意がなくても誰かを傷つけることがありますから、言葉というのは難しいですね。だからといって、黙っていたら社会生活は送れませんので、あくまで社会的な常識を踏まえつつ、自己の発言に責任をもつ姿勢が必要でしょう。

御成敗式目における悪口の罪

執権の北条泰時は、一二三二年、最初の武家法ともいうべき御成敗式目《ごせいばいしきもく》を制定しました。それまで朝廷には律（刑法）・令《りょう》（民法）などの法体系がありましたが、武士の中には律令を正しく理解する者は少なく、慣例や道徳に従って事を処理するのが常でした。しかし、承久の乱以降、地頭と荘園領主の争いや御家人同士の所領相続をめぐる争いなどが増えたため、武家社会の慣例や道徳を法令（式）として箇条書き（目）にし、裁判（成敗）の規準とすべく御成敗式目を定めたのです。なお、年号を取って貞永《じょうえい》式目ともいいます。

御成敗式目は五一か条からなり、泰時自身が弟への手紙で述べているように、漢字を知らない武士にもわかるように平易な文章で記され、その写しが各地に配付されています。おそらく武士にとって一番重要なのは、将軍から与えられた土地の所有が保障されること（第七条）、二〇年以上支配した土地の所有権が認められること（第八条）の二つでしょうが、ここでは第十二条の悪口《あっこう》の罪について、笠松宏至さんの現代語訳で見てみましょう。

「悪口が原因で、思わぬ殺し合いさえ起こる。だから重い悪口は流罪に、軽いものは拘禁刑に処する。裁判の場において悪口を吐けば、その訴訟は負訴、係争地は相手方のものとする。もしもともと勝ち目のない裁判であるなら、係争地とは別に他の所領を没収する。

所領がなければ流罪」

悪口を通して見る中世社会

最初に紹介したジダン選手の場合、咎《とが》められたのは悪口ではなく頭突きという行為ですが、御成敗式目では悪口自体が罪とみなされています。一体なぜでしょうか。それは式目第十二条の冒頭にあるように、悪口が原因となって武士同士が対立する事件が後を絶たなかったからです。それだけ武士は名誉を重んじたのでしょう。具体的にどんな悪口が発せられたのかといえば、第一に乞食、非人といった身分を貶《おとし》める言葉、第二に盲目などの身体的障害を指す言葉、第三に母子相姦などの性的タブーに関する言葉が挙げられます。

無論、こうした悪口は武士に限りません。公家や僧侶の世界はもとより、庶民の間でも放言され、度々争論を引き起こしています。特に自力救済、下克上の風潮が流布した室町時代には、個人間の悪口の言い合いが所属集団同士の闘争へと発展した事例も報告されています。また、母親の性に関する悪口は、その後も形を変えて生き残り、今ではほとんど死語と化しましたが、「お前の母さん、出べそ！」につながったといわれます。

〈参考文献〉
・笠松宏至「悪口の罪」『朝日百科日本の歴史4』朝日新聞社、一九八九年

二度の蒙古襲来の目的はそれぞれ違った?!

授業のどんな場面で使える?

二度の蒙古襲来の説明の場面が最適ですが、神風については江戸時代末期の攘夷思想の台頭や、太平洋戦争中の米国との絶望的な戦いの文脈で扱うことも可能です。

「むくりこくり」とは

子どもの頃、親の言いつけを守らなかったり泣き喚いたりしたとき、何と言って静かにさせられたか、皆さん覚えていますか。時代や地域により違いはあるでしょうが、私の場合は父母から「鬼が来るよ」とか「人さらいにさらわれるよ」と言われた記憶があります。祖母には「怖い巡査が来て連れて行かれるよ」と言われ、暫く駐在所の前を通るのを避けたことさえありました。多分、戦時中に思想犯（治安維持法下で当局に睨まれた人）が捕まるのを見た体験が、祖母にそう言わしめたのだろうと思います。怖いですね。

かつて、それに類する言葉として広く使われたのが、「むくりこくり（の鬼が来る）」だそうです。「むくり」が蒙古、「こくり」が高句麗を指すといえば、鎌倉時代の蒙古襲来を意味することはおわかりでしょう。なお、当時の朝鮮の王朝は正式には高麗《こうらい》（英語のコリアの語源になった王朝です）ですが、日本では中国人を長く唐人と称したように、高句麗、高麗の語をあまり区別せずに用い、「こくり」とか「こま」と呼んだようです。なお、蒙古とは、「蒙《くら》い（道理に暗い、つまり愚かなこと）古い」という意味ですから、モンゴル人からすれば失礼な話ですが、華夷思想に依拠した中国人ならではの用字といえます。日本を表す倭も、「曲がった、萎《な》えた」の意です。やはり、よい意味ではありませんね。

二度の蒙古襲来の目的はそれぞれ違った

蒙古襲来といえば、一度目が一二七四年（文永の役）、二度目が一二八一年（弘安の役）で、日本にとって元との戦いであることに変わりはありませんが、元にとってはそれぞれに異なる目的がありました。一二六〇年、モンゴル帝国の第五代皇帝となったフビライ・ハーン（クビライ・カーンともいいます）は、中国大陸の制覇を視野に大都（現在の北京）に遷都すると、一二七一年には国号を中国風の元と改めます。フビライの最大の目的は、中国大陸の南半分を支配する宋（南宋）の征服にありましたが、なかなかに手強い相手でした。そこで、宋の外堀を埋めるべく、日本など周辺の国を攻めることにしたのです。

第一回日本遠征は、三〇年近い抵抗を抑えて服属させた高麗兵が主力となり、壱岐・対馬を攻略した後、九州本土に上陸しました。幕府軍は善戦しますが、元・高麗軍の集団戦法や火薬兵器「てつはう」に驚き、大宰府へと退却を強いられます。しかし、元・高麗側にも被害が出たため、軍議の末に撤退しました。その際、暴風が吹いたかどうかは不明です。いずれにせよ、被害にあったのは主に高麗兵ですから、元に大きな痛手とはならなかったでしょう。しかし、幕府にとっては次の襲来に備える必要がありました。博多湾岸に石の防塁を築き、大宰府と都との間に軍用道路（筑紫大道《つくしおおみち》）を建設したりしています。

日本遠征は途中で切り上げましたが、元軍の精鋭部隊は南宋を攻め、一二七六年に都の杭州を陥落させ、三年後には残存勢力をも滅ぼして中国統一に成功します。その間、フビライは何度も日本に服属を求めましたが、執権の時宗はそれに応じず使者を斬殺します。そして、第二回日本遠征を迎えるのです。朝鮮から高麗兵を主力とする東路軍《とうろぐん》四万、中国から旧南宋兵からなる江南軍一〇万が攻めてきました。先に到着した東路軍は、水際での幕府軍の防戦に手を焼き、なかなか上陸できません。そこに遅れて江南軍が合流しますが、激しい暴風に襲われ壊滅的な被害が出ました。武士と違い、神仏に祈るしかなかった公家はこれを神風と考え、文永の役にも重ね合わせたのでしょう。また従来、東路軍と江南軍の連携の乱れが元の敗因とされましたが、近年は江南軍自体が宋の弱兵であり、武装も十分でなかったとする説が有力です。つまり元は一〇〇万人ともいう旧南宋兵の処置に困り、日本を占領できれば入植させ、仮に失敗しても兵を減らせればよかったというわけです。旧南宋兵を中心とする元軍はベトナムやジャワなど東南アジア諸国にも遠征しています。それだけ、宋を滅ぼした後の中国統治は、元にとって難しい課題であったのでしょう。

〈参考文献〉
・杉山正明『モンゴル帝国の興亡・下』講談社現代新書、一九九六年

借金帳消しの要求ってヒドくない?!
―土一揆と徳政

授業のどんな場面で使える?

鎌倉時代から室町時代の徳政令や、民衆の成長に伴う土一揆を説明する場面で扱うのが一般的です。生徒の素朴な疑問を出発点に、時代の特質に迫ることができます。

徳政の意味

永仁の徳政令については、蒙古襲来後の御家人の窮乏を救うために鎌倉幕府の出した借金帳消し令としてよく知られていますが、そもそも徳政とは何のことでしょう。字面からすれば「徳のある政治」となりますが、本当のところはどうでしょうか。

日本には仏教より早く儒教（儒学）が大陸から伝わりましたが、それは孔子の仁（思いやりの心）と礼（それを形で表すこと）を基本に、個人道徳から家族や国家のあり方にまで及びました。そして、皇帝や天皇の力による支配ではなく、仁と礼に基づく政治が王道として理想化されました。徳政とはまさにそうした為政者の徳を体現するものです。例えば天皇や将軍の代替わりのときなどに、その徳の高さを示すために、罪を赦したり借金の帳消しを命じたりしました。もちろん、徳の高さと本質的には関係ないのですが、目に見える形で具体化しないと他人には伝わりませんからね。これが徳政の意味するところです。

なぜ土一揆は徳政を要求したのか

為政者が徳政令を出すのはともかく、室町時代の農民が徳政を要求する一揆を結んだのは一体どういうことでしょう。ちなみに、通常は「一揆を起こす」と言いますが、一揆とは心を一つにした集団を指しますから、契約や誓約と同じく「一揆を結ぶ」というのが正しいのです。皆さん、機会があったら「民衆が一揆を結んだ」と言ってみましょう。それだけで、日本史のわかる人ならば「おぬし、できるな！」と思うはずです。

それはさておき、鎌倉時代の後期から室町時代にかけて商業が発達し、貨幣経済が進むとともに、民衆の力も次第に成長して、村単位で自治を行うようになりました。用水路の補修や苗の準備などにお金が必要になると、土地を担保に土倉や酒屋などの金融業者から借りましたが、天候不順などで不作が続いたりすると、たちまち借金の返済に窮するようになってしまいました。担保の土地を取られたら生活できませんので、しばしば幕府に対し徳政令の要求を突きつけて団結したのです。だけど「借りたものは返す」のが道理のはず。自分で借金しておいて、都合が悪くなって金は返せないけど、担保の土地も渡さないというのでは、あまりに虫がよすぎるのではないでしょうか。だけど、当時の農民たちは全く悪びれる風もなく、堂々と徳政を要求したのです。一体なぜでしょう。

実は、それには大きく二つの理由がありました。一つは土地に対する考え方が現在とは違っていました。現在では、土地は不動産として投資の対象になったりしますが、当時は土地を耕作しないで放っておくと死んでしまうという考え方があったのです。ですから、土地に生命を甦らせるためにも農民が土地を取り戻すのは正当と考えたのです。

もう一つ、所有権に対する考え方も現在とは異なっていました。より正確にいえば、農村と都市とで所有権の考え方の変化にタイムラグ（時間差）があったのです。現在では、土地であれ物であれ、売ったり買ったりすれば所有権は移転しますね。つまり買った者の所有になるわけですが、古来、日本では本来の所有権（本主）は変わらないとする考え方があり、だから堂々と本主である農民は土地の権利を主張できたのです。だけど、それでは商売はあがったりですから、都市の商人層の間では次第に現在の我々と同じような考え方に変化しつつあったのです。そうした、都市と農村の意識や考え方の差があった時代だからこそ、徳政一揆が頻発したといえるかもしれませんね。

一味神水の名残

一揆は一味神水ともいいました。団結の証として、村の神社などに集まり、自分たちの要求をしたためた起請文に署名し、それを焼いた灰を泉の水に混ぜて回し飲みしたのです。つまり、神水を共に飲んだ仲間＝一味というわけです。現在でも、神前結婚式などでは夫婦が三三九度の固めの杯を交わしたりしますが、これも中世の一揆の名残といえます。

〈参考文献〉
・勝俣鎮夫『一揆』岩波新書、一九八二年／・笠松宏至『徳政令』岩波新書、一九八三年

南北朝動乱、長期化したのはなぜ?!
―楠木正成・足利尊氏の毀誉褒貶

授業のどんな場面で使える?

鎌倉末期〜室町初期における後醍醐天皇、楠木正成、足利尊氏の役割や人物像に触れる場面、南北朝動乱が半世紀余にわたった理由を考える場面に使えます。

南北朝の背景―天皇家の分裂

鎌倉幕府の成立後も、畿内から西国にかけて朝廷の支配が続いていましたが、後鳥羽上皇による承久の乱の失敗に伴い、皇位の継承や院政を担当する上皇の決定権は幕府の手に握られるようになりました。また、広大な皇室領荘園の相続をめぐって天皇家の争いが絶えなかったため、幕府は一四世紀初め頃より、上皇や天皇を皇室の二大派閥から交替で選ぶようにしました。これを難しい言葉で、両統迭立《りょうとうてつりつ》といいます。

後醍醐天皇を支えた楠木正成と足利尊氏

こうした中で即位した後醍醐天皇は、院政を排して天皇自ら政治を行おうとしました。まもなく、北条氏の専制に不満をもつ東国の御家人や、荘園領主に抵抗を強める畿内近国の「悪党」（非御家人・僧・民衆からなる多様な集団）を味方に倒幕を企てたのです。一度目は計画が事前に漏れ、天皇を除く首謀者の多くが殺害されました。二度目も密告により幕府の知るところとなり、天皇は京都の南に位置する笠置山に立てこもりますが、河内の悪党といわれる楠木正成《くすのきまさしげ》の善戦も空しく敗北し、隠岐島に流されます。そして、いよいよ三度目の正直です。護良親王《もりよししんのう》や楠木正成が再び蜂起すると、各地の有力武士がこれに呼応し、後醍醐天皇も隠岐島を脱出しました。慌てた幕府は足利尊氏を派遣し、反乱の鎮圧を図りますが、尊氏は幕府に見切りをつけて天皇側につき、六波羅探題を攻め落とします。関東でも新田義貞が鎌倉に攻め入り、一三三三年、鎌倉幕府はついに滅亡しました。

浮き沈みのある正成と尊氏の評価

後醍醐天皇は翌年、古代の天皇制を理想とする建武の新政を開始します。そこで倒幕に功のあった武士に恩賞を与えるべく、土地の領有権を天皇が認可する制度を導入しましたが、旧来の慣習とそぐわないことが多く、結局多くの武士の反感を買って撤回するなど、掲げた理想とは異なる混乱が続きました。そこで、早くも反政府運動が起こり始めます。

特に武士は足利尊氏に対し新たな武家政権の樹立を期待するようになります。一三三五年、尊氏は関東での北条氏の蜂起を鎮圧すると、まもなく建武政権に叛旗を翻し、新田義貞と戦ってこれを破りました。その後、京都でいったん敗れますが、九州で態勢を立て直すと再度京に向かい、湊川の戦い（現在の神戸市）で正成を敗死させています。翌年、入京した尊氏は光明天皇を即位させ、三年後には征夷大将軍として幕府を開きます。他方、後醍醐天皇は吉野に逃れて正統性を主張したため北朝と南朝が分立する事態となりました。

神戸の湊川神社には楠木正成（大楠公）が神として祀られています。かつての「悪党」からすると考えられないですね。後醍醐天皇への忠誠を貫き通したため、江戸時代末期の尊王攘夷思想や戦前の皇国史観などで実像以上に高く評価され、反対に足利尊氏が逆賊として過小評価されたのです。その反動なのか、戦後は尊氏が高く評価され、正成が「悪党」にされるという逆転現象も起こりました。歴史の評価というのは難しいですね。

南北朝動乱、長期化の要因

南朝側は早くに新田義貞らの有力武将を失い、後醍醐自身も亡くなったことから敗色濃厚だったはずです。なぜ半世紀余も動乱は続いたのでしょうか。最大の理由は幕府の内紛にあります。尊氏と実弟の直義《ただよし》は政務を分担し、直義は鎌倉幕府の制度を念頭に穏健な政治を志向しますが、尊氏側の高師直《こうのもろなお》は急進的改革を求めて対立しました。師直が直義に殺されると、次第に尊氏と直義の対立が深まり、今度は直義が敗れて暗殺されます。その後も両派の対立は続き、これに各地の守護や土豪が結びつき、それぞれが南北両朝のいずれかを頼ったため、義満の登場まで対立に終止符を打つことができなかったのです。しかし内紛の背景として、分割相続から単独相続へと武士の相続が変化する中で、従来の血縁に代わる新たなつながりが地方の武士の間で模索されていたことも指摘されています。

〈参考文献〉
・笠原一男『詳説日本史研究』山川出版社、一九九〇年

金閣は放火のおかげで金色の輝きを取り戻した?!
―日本の伝統文化の起源

授業のどんな場面で使える?

室町時代の文化として、北山文化・東山文化に触れる場面を想定していますが、金閣と銀閣だけでなく、日本の「伝統文化」の起源を考えさせる場面でも使えます。

日本の伝統文化とは

皆さんが日本の伝統文化、あるいは日本的な生活様式として思い浮かべるものは何でしょう。いろいろあると思いますが、その中に能・狂言・生け花・茶の湯などの芸能・芸道や、畳・襖《ふすま》・障子・床の間といった生活・建築様式があるのではないでしょうか。実は、これらはどれも室町時代に起源を求めることができるのです。

住宅の建築様式では、平安時代の寝殿造から書院造が誕生し、次第に武家や公家の住宅に取り入れられていきました。天井板を張って天井を低くし、襖で間仕切りした小部屋に畳を敷き、明障子《あかりしょうじ》で外の光を間接的に室内に取り込めるようにしたのです。そして、床の間に水墨画の掛け軸を飾り、花を生け、茶の湯を楽しみました。明らかに禅宗の影響が窺えますが、その簡素さと静寂こそが戦いに明け暮れた南北朝・戦国時代の武士たちの心を捉えたのかもしれませんね。少し前まで日本の家屋の大半がそうした和風建築でしたが、最近は少なくなってきたようです。これも時代の流れというものでしょうか。

なお、お茶に関しては、最初から茶の湯（茶道）として発達したわけではありません。はじめは闘茶《とうちゃ》といって、複数の茶を飲み比べて産地を当てたり、味の優劣を競ったりする競技が、武士・公家・僧侶の間に流行っていたようです。農民たちも大事な相談事の際には一堂に会して粗茶を飲み、心を一つにする茶寄合いを開いていました。それらの中から、茶室で静かに茶を点《た》てる侘茶《わびちゃ》が生まれ、やがて千利休《せんのりきゅう》により大成されていくのです。

炎上した金閣

室町文化には二つの大きな「山」があるといわれます。一つは室町前期、将軍足利義満の時代の北山文化で、もう一つは後期、将軍義政の時代の東山文化です。前者を代表するのが鹿苑寺《ろくおんじ》金閣（金閣寺という寺はありません）であるのはいうまでもありません。ここでは金閣に焦点化してみましょう。実は、現在の金閣は一九五〇年の放火による焼失を経て、国や地元経済界などの寄付で五年後に再建されたものであることを知っていましたか。犯人は同寺の見習い僧侶の大学生で、動機についてはよくわかりませんが、三島由紀夫の『金閣寺』や水上勉の『金閣炎上』で、いろいろと推理や調査がなされています。

放火により義満の木像などの国宝も焼失し、大変な損失を被りましたが、明治時代に一度大修理を行ったとはいえ、創建して六〇〇年も経過した金閣です。金箔の剥げ落ちも著しく、現在のような金色の輝きにはほど遠かったといわれますから、創立時の姿に復元されたのは不幸中の幸いといえるかもしれません。義満は西芳寺への憧れが強く、その舎利殿にならって金閣を建設したといわれ、見ての通り二層三階からなっています。一階の阿弥陀堂は寝殿造風、観音像を安置する二階は和様仏堂風、釈迦の遺骨（後に阿弥陀三尊）を安置する三階は禅宗様になっています。一度じっくり違いを観察してみたいですね。

銀色でないのに銀閣とは

義満の死後、別荘の北山第が鹿苑寺とされ、舎利殿も応仁の乱後、金閣と称されるようになったようですが、東山文化を代表する銀閣はどうでしょう。一見してわかるように、全体が黒漆《うるし》塗りでどこにも銀らしきものは見られません。実は銀閣は江戸時代に金閣との対比でそう呼ばれるようになっただけで、本来は観音殿《かんのんどの》といいます。義政は戦乱を避けるとともに、都に流入した難民の失業対策も兼ねて東山に山荘（死後、慈照寺《じしょうじ》）を築きました。銀閣は二層二階建てで、一階は書院造、二階は禅宗様の仏間となっており、金閣と比べた建築様式の変化がよくわかります。皆さんは金閣と銀閣、どちらが好きですか。

金閣・銀閣で建物とともに注目すべきは庭園です。池、石、木を巧みに配置して世界を表現していますね。また、華美を嫌う禅宗の影響で、水を一切使わず主に岩と砂の組み合わせで自然を象徴的に表現する枯山水《かれさんすい》庭園も造られました。竜安寺の石庭が有名です。

〈参考文献〉

・五味文彦・野呂肖生編著『ちょっとまじめな日本史Q＆A・上』山川出版社、二〇〇六年

ルネサンスは死と隣り合わせの時代だった?!

授業のどんな場面で使える?

ルネサンスの社会的背景を説明する場面を想定していますが、日本の中世末から近世初期がヨーロッパでも時代の転換期に当たることを説明する際にも使えます。

ルネサンスの精神—ヒューマニズム

ルネサンスとは、一四世紀後半から一六世紀にかけて、フィレンツェを中心とするイタリアに始まり、やがてアルプス以北の西欧諸国に広まったヒューマニズム（人文主義）を根本精神とする文化運動のことです。中世のヨーロッパがキリスト教を中心とする禁欲的な価値観に支配されたのに対し、ありのままの人間性を追求し表現する文化・芸術が一斉に花開きました。当時のイタリアは一つの国ではなく、東方貿易で栄えたフィレンツェやヴェネチアなどの都市共和国、ローマ教皇領、ナポリ王国、ミラノ公国などの多様な国からなり、互いに競合しつつ文化を支えました。特に、イスラム諸国との交易を通してアラブやインドの文化を摂取し、東ローマ帝国との交流により古代ギリシア・ローマの文化を再発見したことは、ルネサンスの開花に大きく寄与したといわれます。

ルネサンスの時代—死を想え！

ボッティチェリの絵画やミケランジェロの彫刻には、人間の生の躍動感が見事に表現されていますが、その作品の背景には暗く厳しい時代の現実があったのです。それは黒死病と称されたペストの大流行です。ネズミとノミを介した伝染病で、一三四八〜四九年に最初の大流行が襲い、地域によっては人口の三分の一が失われたといいます。ネズミやノミは荷物や船に紛れますし、人も動きますので、どうしようもありません。いったんは収まっても数年後にまた発生し、それから一世紀ほど断続的に流行しました。人々はただひたすら恐れ、祈り、身体に鞭《むち》打ちながら集団で練り歩き、金持ちは感染していない所に逃亡するなど流行のやむのを待つしかありませんでした。ルネサンスの文学を代表するボッカチオの『デカメロン』は、黒死病を逃れて邸に籠もった金持ちの男女が、一人十話ずつおもしろおかしい話をして退屈を紛らわせる物語ですが、まさに時代を映しているのです。

また、日頃から死を意識することで死の恐怖を和らげようとする人もいて、「死を想え！（ラテン語でメメント・モーリ）」という言葉が叫ばれ、骸骨姿の人間が笑ったり踊ったりする画（「死の勝利」「死の舞踏」）が盛んに描かれました。つまり、いつ愛する人が死に、自分が死ぬかわからないほど死が日常化した時代だからこそ、人々は人間を見つめ、今ある生を精一杯生きようとしたのでしょう。ルネサンスという一見華やかな芸術の背景に、こうした想いがあったとは驚きです。実は、ルネサンスという語はフランス語で「再生」を意味します。まさに、死と隣り合わせの時代だったことを表していますね。

ルネサンス精神の波及と宗教改革

ルネサンスの精神は様々な分野に及びましたが、近代の科学や技術につながる魔術をも発達させました。占星術と錬金術です。現在ではどれもいかがわしい存在と見なされますが、事物の本質を究めるべく思索と観察・実験を重視し、ガリレイの地動説などにつながりました。中国で発明された火薬、羅針盤、活版印刷術を改良し、コロンブスらの大航海やルターの宗教改革を可能にしたのも、ルネサンスの精神といってよいでしょう。

もちろん、ローマ教会は自らの世界観に基づいてガリレイらを異端として弾圧しています。後期ルネサンス最大の人文主義者であるネーデルラントのエラスムスは『愚神礼讃《ぐしんらいさん》』を著し、聖職者たちの偽善や堕落を痛烈に風刺しました。これに続いて現実にローマ教会と対決し、宗教改革を行ったのがドイツのルターです。「エラスムスが産んだ卵をルターが孵《かえ》した」といわれる所以《ゆえん》です。サン・ピエトロ大聖堂の改築資金捻出のためローマ教会が大商人と結託して「贖宥状《しょくゆうじょう》」を販売したのに抗議したのが始まりです。これを反教皇派の諸侯が応援してプロテスタントが誕生しますが、カトリック側にも改革の動きが生まれました。その代表がイエズス会、創設者の一人ザビエルは一五四九年に来日し、カトリックの伝道に努力しています。ルネサンスとは時代の大きな転換期でもあったのです。

〈参考文献〉
・樺山紘一『ルネサンスと地中海（世界の歴史6）』中央公論社、一九九六年

黒船来航はペリーが最初ではなかった?!

授業のどんな場面で使える?

通常、幕末のペリー来航の場面で扱いますが、ここではもっと早く、近世初期の南蛮貿易・南蛮文化の項で扱うことを想定しています。もちろん、どちらでも使えます。

黒船が黒いのはなぜか

船の色が黒いから黒船と称したのですが、なぜ黒かったのでしょう。それは、船体一面に黒色のコールタールが塗られていたからです。当時は木造船でしたから、木材の腐食防止や防水のためにコールタールが利用されたのです。ただし、近世の日本で活躍した千石船（千石の米を積めるという大型の和船）は白木のままでした。やはり何か月もかけて大洋を航海してくる西洋の船と、沿海海運を主とした日本の船とでは、船の傷み方も異なるのでしょう。それに、コールタールの原料は石炭ですから、近世の日本ではまだ石炭があまり利用されていなかったことも影響していると考えられます。ちなみに、古い城下町などにある黒い城門や黒塀などは、渋墨塗といい、松の木を焼いた煤《すす》と柿渋《かきしぶ》を混ぜた物が防腐・防虫のために塗られているようです。

黒船来航とはいつのことか

泰平のねむりをさます上喜撰（蒸気船）たった四はいで夜もねられず

この狂歌とともに、黒船といえばペリー、ペリーといえば開国という流れで、日本人にはとてもよく知られた出来事ですが、そう簡単に黒船来航を幕末期（一八五三〜五四年）のことと決めつけてしまってよいのでしょうか。黒いタールを塗った西洋の船といえば、ペリー来航が最初ではありませんでした。そもそもペリーの来航を幕府に予告したのは、長崎で交易していたオランダ人でした（『和蘭風説書《おらんだふうせつがき》』）。つまり、オランダ人も当然黒船で長崎に往き来していたのです。ということは、それより前のポルトガル人やスペイン人、イギリス人なども当然黒船を利用していました。そうすると、種子島に鉄砲を伝えたポルトガル人の来航（通説では一五四三年）が、最初の黒船ということになりますね。

歴史学者の黒田日出男さんは、「日本の「近世」というのは、象徴的にいえば鉄砲をもたらした「黒船」の来航に始まり、そして幕末の開国を迫った「黒船」の来航に終わる、そうした時代であった」（『朝日百科日本の歴史6』三四頁）と述べています。最初の黒船の衝撃が、日本を戦国の群雄割拠から天下統一へと向かわせ、二度目の黒船の衝撃が日本を「鎖国」から開国、そして明治維新へと向かわせたというわけです。ただし、鉄砲伝来に関しては、倭寇の頭目王直の船でやって来たポルトガル人により伝えられたとか、様々な説があります。この説が正しければ、黒船ではなくジャンク船で来た可能性が高くなりますが、黒田さんの言にあるようにあくまで「象徴的に」捉えておきたいものです。

黒船の「黒」が象徴するものとは

教科書や資料集に載っている「南蛮屏風《なんばんびょうぶ》」の写真を見てみましょう。南蛮屏風は一五・

一六世紀の豪商たちが好んだといわれ、日本に来航した黒船と南蛮人（ポルトガル人やスペイン人）、そして彼らのもたらした珍奇な文物が描かれています。そこには最先端の文化や技術などへの関心とともに、ある種の恐れのようなものを感じませんか。船の色や形だけでなく、南蛮人の背や鼻の高さ、髪の毛の紅さ、ファッション、習慣などは、中国や朝鮮とも異なり、当時の日本人にとって異形そのものだったはずです。

前述の黒田さんは、そこに二つの条件を読み取ります。一つは、南蛮人や黒船は文字通り日本人の世界観（中国人の世界観をなす華夷思想の日本版ともいうべきものです）から見て異界（別世界）から来たものだったということ、もう一つは古代・中世の日本人にとって、「白」が中心を象徴するのに対し、「黒」は境界を象徴する色だったということです。つまり、単にタールで黒く塗られていたからというだけでなく、境界の外から来た船だからこそ「黒船」と称したというわけです。ちなみに、中国から来たジャンク船については「白船」と呼んだという事実も指摘されています。色の歴史も興味深いですね。

〈参考文献〉

・黒田日出男『境界の中世　象徴の中世』東京大学出版会、一九八六年

大阪城の地下には本願寺が眠っている?!

授業のどんな場面で使える?

下克上の風潮を背景にした一向一揆の展開と、それを制圧しようとする戦国大名との戦いの場面を想定しますが、大坂の陣や近世の大坂の発展の場面でも扱えます。

大阪（大坂）城を造ったのは誰か

戦国の三英傑のうち、信長は安土城、秀吉は伏見城（後に桃山城とも）と大坂城、そして、家康は江戸城を築いたことで有名ですね。しかし、どれも今は残っていません。確かに安土城や江戸城は残っていないものの、大阪には立派な石垣の天守閣が残っているではないかと思われるかもしれません。でも、秀吉が築いた大坂城は大坂夏の陣（一六一五年）により焼失してしまいました。その後、太閤秀吉の痕跡を抹殺するかの如く、旧大坂城の上に数メートル盛り土をして、新しい大坂城を造ったのは徳川二代将軍秀忠でした。

ただし、天守閣は落雷により焼失し、江戸時代を通じて天守の再建は行われていません。ちなみに、徳川幕府は大坂に大名を置かず、幕府の直轄地（天領）として大坂城代を置き、西国の外様大名に目を光らせました。その後、幕末維新期の動乱（王政復古後、将軍慶喜が鳥羽・伏見の戦いに敗れるまで居城）で建物はほとんど焼失しましたが、昭和の初期に昭和天皇の即位を記念して鉄筋コンクリートで天守閣が再建され現在に至っています。

したがって、大阪城（江戸時代までは「大坂《おおざか》」の字が一般的でした）を造ったのは誰かと問われれば、大工・職人というジョークは別として、最初は太閤秀吉、二度目は徳川氏、そして三度目は大阪市というのが正解になるでしょう。

豊臣大坂城の地下には何があるか

信長の印判「天下布武《てんかふぶ》」を挙げるまでもなく、戦国大名のねらいはいち早く上洛し、無力化した足利氏に代わって将軍になり、天下統一を果たすことでした。でも、その前にまずは自らの領国を完全に平定しなければなりません。そうした戦国大名の最大の敵が一向一揆、すなわち真宗本願寺派信徒（一向衆ともいわれ大半が農民）の自治的共同体でした。大名が勢力の拡大を図れば戦になりますね。戦には兵糧米《ひょうろうまい》や人足が必要ですが、一向衆は往々にしてそれに抵抗し、年貢の供出さえ拒否したからです。加賀の一向一揆では守護の富樫《とがしし》氏と戦って勝利し、加賀国は一世紀にわたり「百姓の持ちたる国」と呼ばれました。北陸地方に一向衆が広まったのは、本願寺の蓮如《れんにょ》が越前（福井県）の吉崎に道場を構え、念仏によって誰もが救われることを易しい言葉で説いたことが影響しています。この他、本願寺の勢力は畿内、三河、尾張、美濃、紀伊などにも広まっていたため、そこを領国とする信長、秀吉、家康にとっても一向衆対策は避けて通れない課題でした。

話を大坂城の地下に戻しましょう。実は信長の時代には、そこに本願寺（当時、その辺を石山と称したことから石山本願寺といいます。滋賀県の石山とは違います）があったのです。また、単にお寺があっただけではありません。本願寺の広大な境内に信徒が居住し、寺内町《じないまち》を形成していました。そこは淀川と旧大和川が合流する上町台地の北端で、水陸交通の要として経済的にも重要でした。しかも、町全体を堀や土塁で囲んで防御の面でも工夫されていました。天下統一の仕上げとして、この石山を潰しにかかったのが信長です。本願寺の顕如《けんにょ》は全国の一向衆に人的、物的支援を呼びかけて、対抗しました。これを石山合戦（一五七〇～八〇年）といいます。大軍を投入した信長でさえ、屈服させるのに一一年もかかりました。これに呼応して各地で起きていた一向一揆も鎮圧されて、一揆の時代は終わりを迎えることになります。本願寺は焼失し、その跡地に築城したのが秀吉でした。それゆえ、大坂城の地下には本願寺が眠っているといってもよいでしょう。

本願寺のその後

顕如らは紀伊に退去しますが、まもなく信長は明智光秀に討たれてしまいます。結局、本願寺は秀吉により大坂での再興を許され、後に京都への移転を命じられます。つまり、秀吉は弾圧者から庇護者への変容を世間に見せたかったのかもしれません。なお、本願寺は石山合戦の際に芽生えた内部対立から、一六〇二年に東と西に分立していきます。

〈参考文献〉

・藤木久志『天下統一と朝鮮侵略』講談社学術文庫、二〇〇五年

忍者は手裏剣を使わなかった?!
―忍者の実像

授業のどんな場面で使える?

信長の天下統一過程での伊賀攻めの場面か、本能寺の変後の家康の伊賀越えの場面が最適ですが、中世の悪党や一揆との関連でも扱うことができます。

「創造された」忍者

漫画『忍者ハットリくん』、『仮面の忍者　赤影』や数々のテレビ時代劇などにより、日本で忍者を知らない人はいないでしょう。最近では、漫画『NARUTO―ナルト―』の世界的ヒットにより、忍者NINJAは日本文化を代表するコンテンツとして外国でも認知されているようです。もっとも、外国映画に登場するNINJAはあまりにも荒唐無稽な印象が否めませんが、そういう私たちの忍者像でさえ、黒装束の出で立ちから忍術に至るまで、その大半が漫画や映画などを通じて得られたものに過ぎないのではないでしょうか。つまり、忍者の実像を知る者は日本、外国を問わず少ないということです。

忍者「服部半蔵」は実在したのか

では、忍者とはすべて想像の産物、フィクションかといえば、そんなことはありません。『忍者ハットリくん』やテレビ時代劇の『影の軍団』（千葉真一主演）で知られる服部半蔵は実在しました。ただし、服部半蔵という一人の人物がいたわけではありません。初代の半蔵は室町末期の伊賀の土豪でしたが、領地が狭いために伊賀を出て将軍足利義晴、次いで三河の松平家（家康の祖父）に仕えたといわれます。いわゆる忍者と認められるのは初代半蔵だけですが、有名なのはその子の二代半蔵です。彼は家康に仕えて数々の戦で手柄を立てましたが、何よりも本能寺の変の際、わずかな手兵とともに堺（大阪府）にいた家康が、明智軍の目を逃れて本拠の三河（愛知県）まで帰り着けた（神君伊賀越え）のは、伊賀衆・甲賀衆の警護と道案内があったからだとされます。このとき、伊賀衆・甲賀衆を動かしたのが半蔵でした。そのため二代目半蔵は家康に領地を与えられ、また軍功のあった伊賀衆・甲賀衆も家臣（伊賀二百人組、甲賀百人組など）として取り立てられました。

二代目が亡くなると、長男が三代目として伊賀同心の統率権を引き継ぎました。家康が江戸城を築城すると、半蔵家が屋敷を構え警護を担当した門が「半蔵門」と呼ばれるようになったといわれます。皇居の半蔵門や地下鉄半蔵門線のことはご存じでしょう。その後、紆余曲折を経て服部半蔵家は桑名藩（三重県）の家老となり、明治維新を迎えています。

なぜ伊賀・甲賀が忍者で有名なのか

忍者は基本的に武士でしたが、秀吉による兵農分離以前には、田畑を耕したり山仕事をしたりもしていました。特に、伊賀（三重県）や甲賀（滋賀県、「こうか」と読みます）は山に囲まれた土地柄で、東大寺領のあった伊賀では材木を切り出す仕事に従事する者も少なくありませんでした。彼らは、戦のときにはそうした技術や武器を生かして戦ったでしょう。また、戦においては何よりも自軍の損失を最小にして敵を倒すことが重要で、そのためには情報戦が不可欠でした。その点、京や大和に近く、交通の要衝にある伊賀や甲賀は有利でした。また、中世末期には政情の混乱を背景に、悪党や一揆が活躍しました。甲賀では郡中惣、伊賀では惣国一揆と呼ばれる自治的な地域連合を形成し、内部の対立を超えて荘園領主や侵入する敵と戦いました。

この伊賀を攻略しようとしたのが信長です。伊賀衆は激しく抵抗しましたが（天正伊賀の乱）、結局信長の大軍により焼き払われました。そこで、伊賀衆の多くが忍者として、各地の有力大名に仕えるようになったと考えられます。そこから、忍者のことを伊賀者と呼ぶようになりました。なお、伊賀と甲賀は隣り合っており、時に反目し合うこともありましたが、通常は協力関係にあり、それぞれが別の流派であったわけではありません。

忍者は手裏剣を使わない

通常、忍者の武器としてまず思い浮かべるのは手裏剣ですが、鉄が高価な時代に、敵を倒す確率の低い手裏剣はほとんど使われませんでした。忍者が最も活躍した戦国時代から江戸時代初期にかけては、むしろ火薬や鉄砲の使い手として重宝されたといわれます。

〈参考文献〉

・川上仁一『忍者の掟』角川新書、二〇一六年

豊臣秀吉の唐入り（明遠征）は、政権批判のガス抜きのためだった?!

授業のどんな場面で使える?

全国を平定した秀吉の対外政策の場面を想定しますが、その背景として、倭寇の時代という東アジア世界の動向や勘合貿易、朱印船貿易との関連でも扱えます。

倭寇の時代とは

一四世紀後半の東アジアでは、元の衰退や南北朝の動乱に伴い、いわゆる倭寇が活躍します。倭寇とは中国の文献で日本人の海賊行為を指した言葉ですが、政府の公認しない私貿易を行う海民集団の総称であり、日本人に限らず朝鮮人や中国人も加わっていました。やがて中国で明が元を駆逐し、朝鮮で李成桂が高麗を倒して朝鮮王国を樹立すると、日本でも足利義満の下で南北朝に終止符が打たれ、東アジア世界は安定化に向かいました。義満は明との間で勘合を用いた貿易を行うようになり、倭寇勢力はいったん衰退します。

しかし、応仁の乱後、勘合貿易は西国の守護大名や豪商が担うようになり、勘合をめぐる争いにより一時中断することもありました。一六世紀を迎える頃には、明朝の力にも陰りが見え始め、東アジアの海に再び倭寇が台頭してきます。種子島に鉄砲を伝えたポルトガル人も、倭寇の頭目、王直の案内により来航したともいわれています。さて、当時の日本は戦国時代で、これを統一したのが豊臣秀吉です。信長同様、南蛮貿易による莫大な利益に着目していた秀吉は、海賊取締令を発して（一五八八年）倭寇を制圧し、続いて公認船に特許状（朱印状）を与える朱印船貿易の制度を確立して（一五九二年）、南蛮貿易を統制下に置きました。これは徳川幕府にも受け継がれ、鎖国が完成するまで続きます。

朱印船はなぜ東南アジアに向かったのか

朱印船貿易で、日本から輸出したのは銅・鉄・硫黄などであり、輸入したのは生糸・絹織物・木綿・香木・薬種などでした。これらの貿易に携わるために、多数の日本人が東南アジアに渡航し、各地に日本町を形成しました。でも皆さん、ちょっと不思議に思いませんか。なぜ東南アジアなのでしょうか。輸入品の生糸・絹織物・木綿は東南アジア諸地域でつくられた物でしょうか。いいえ、違います。ほとんど中国産の商品です。つまり、東南アジアを介して中国と取り引きしていたのです。日宋貿易はいうまでもなく、元寇を受けた時代でさえ中国と貿易していたというのに、なぜこの時期に中国と直接貿易をしなかったのでしょう。実はできなかった、明から認めてもらえなかったのです。なぜ?それは唐入り（明遠征）を企てて朝鮮を侵略し、明軍と激しい戦争をしていたからです。

秀吉の朝鮮侵略のねらいは何か

一五九〇年、秀吉は小田原城を攻めて北条氏を降伏させ、まもなく関東・東北をも制圧して全国統一に成功しました。そうなると、次のねらいは何でしょうか。常識的に考えれば、長い戦乱を終わらせたのですから、国内の統治を優先するところですね。しかし、秀吉は国内統治のためにこそ「唐入り」を断行したのです。どういうことでしょうか。

確かに民衆にとっては平和が何よりです。しかし、昨日まで領土の支配をめぐって戦っていた武将たちに、今日からは法律に従えといってもそれを納得させるのは容易なことではありません。徳川幕府の五代将軍、綱吉の頃になってやっとそういう風潮が確立できた位ですから（生類憐みの令の項を参照）。つまり、秀吉の力の前に諦めざるを得なかった諸大名の領土欲を、国外＝明・朝鮮への侵略で満たそうとしたのです。国内矛盾から目をそらさせるために、敢えて対外的危機を創り出し、政権批判のガス抜きを図るというやり方です。どこの国とはいいませんが、似たような事例は現代でもありますね。

一五九一年、秀吉は全国の諸大名に朝鮮出兵を命じ、そのための拠点として肥前（佐賀県）の名護屋に城を築きました。そして翌年、一五万の大軍で朝鮮を攻め（文禄の役）、現在のソウルやピョンヤンを占領します。その後、苦戦に陥り講和を図りますが、決裂して九七年再び大軍を派遣しました（慶長の役）。秀吉の病死により兵を引きますが、豊臣政権に大きな痛手となったのはもとより、朝鮮や明にとっても国力の疲弊につながりました。それゆえ、朱印船を介して直接取引し合うような環境や関係にはなかったのです。

〈参考文献〉

・朝尾直弘『天下一統（大系　日本の歴史８）』小学館ライブラリー、一九九三年

天下分け目の関ヶ原、なぜあっさり勝敗が決したの?!

授業のどんな場面で使える?

関ヶ原の合戦のあっけない決着の要因を考えさせる場面を想定しますが、この戦いが幕藩体制の大枠となる大名配置につながったことを説明するのにも使えます。

秀吉死後の体制―武断派と文治派の対立

一五九八（慶長三）年、秀吉は六歳の秀頼を遺して亡くなります。その前年、有力大名の徳川家康、前田利家、毛利輝元、宇喜多秀家《うきたひでいえ》、小早川隆景《こばやかわたかかげ》（隆景の死後、上杉景勝《うえすぎかげかつ》）を五大老として秀頼の後見役に、またその監督下に石田三成、前田玄以《まえだげんい》、浅野長政、増田長盛、長束正家《ながつかまさいえ》が五奉行として天下の政治を行うよう命じ、互いに誓書を取り交わしていました。つまり、主君の豊臣秀頼を五大老が補佐しつつ、実務を五奉行が担う体制が確立したのです。早くから秀吉に仕えて実務能力に秀でた三成は、秀吉の子飼いとして出世しましたが、秀吉が亡くなると次第に有力武将の反感を買うようになります。対照的に、実力に勝る家康の地位が高まってきました。三成は秀吉の遺言に則った政治を行う文治派の中心として、また家康は力で全国に平和と安定をもたらす武断派のリーダーとして周囲から一目置かれる存在になっていきます。こうして両者の戦いは時間の問題になりました。

大軍の激突とあっけない決着

一六〇〇（慶長五）年、家康は秀吉の建てた伏見城西の丸に、さらに各大名などが領国に帰ると大坂城西の丸に入り、公家や僧侶から「天下殿」になられたとみなされるに至ります。これに危機感を強めた三成は、会津の上杉景勝に謀反の疑いありとして家康が軍を出した機会を捉え、家康打倒の兵を挙げます。他の四奉行の了解を取り、五大老の一人毛利輝元を盟主に立てての戦いですから、十分に勝算ありと読んだのでしょう。まず、家康の家来の守る伏見城を落として近畿を勢力下に収めると、岐阜の大垣城に本営を定めます。これに対して、江戸で情勢を見ていた家康は自軍が岐阜城を陥落させたと聞き西に上ると、大垣城を攻めずに大坂城に向かいました。そこで、三成は関ヶ原で家康軍を迎え撃つべく陣営を築きます。九月一五日早朝、戦いの火蓋が切って落とされました。三成率いる西軍約八万、家康率いる東軍約一〇万と勢力は互角ですが、後に両軍の陣形を見た欧州の戦略家は西軍有利と評したそうです。しかし、結果は東軍の圧勝、昼過ぎには勝敗が決しました。家康は三成の居城、滋賀の佐和山城を攻める一方、大坂に向かい西軍の盟主毛利輝元（戦いには参加していません）と交渉して、大坂城を明け渡させます。まもなく三成らは捕らえられて処刑され、西軍に味方した諸大名も改易《かいえき》されたり減封《げんぽう》されたりしました。

西軍敗北の原因として指摘されるのは、第一に足並みの乱れです。特に、総大将の毛利軍一万五千は終始動かず様子見に徹しましたし、同じく大軍一万八千を率いた小早川秀秋は、様子見から一転して家康側に寝返り、味方に攻撃を加える始末でした。これを見て東軍に寝返る者が続きました。西軍で実質的に戦ったのは四割程度といわれます。これでは勝てませんね。第二の要因として、家康の政治工作の巧みさが挙げられます。秀吉が禁止したにも拘わらず、家康は有力大名と婚姻関係を通じて提携を強めていました。ですから、西軍武将の裏切りも想定内だったのかもしれません。つまり、戦いは関ヶ原の前から始まっており、それに家康が勝利したといえるのです。第三の要因として、武断派の武将といえども長引く領地争いや朝鮮出兵に疲れ、安定を求めていたと考えられることです。その安定を保障してくれる人物として、三成より家康が選ばれたということでしょう。

裏切りの先達、筒井順慶

関ヶ原に先立つ天下分け目の戦いが天王山、すなわち信長を本能寺に討った明智光秀と、「中国大返し」を成功させた羽柴秀吉とが戦った山崎合戦です。このとき大和郡山城主の筒井順慶は洞ヶ峠で両軍の戦いを傍観し、秀吉が優勢となった時点で味方したという逸話から、日和見《ひよりみ》的な態度を指して「洞ヶ峠を決め込む」という言葉が生まれました。しかし、洞ヶ峠に陣取ったのは光秀の方であり、そこで順慶の加勢を待っていたのに対し、順慶は一族・重臣会議の結果動こうとせず、最終的に秀吉に従ったというのが真相のようです。

〈参考文献〉
・高木昭作「関ヶ原の戦い」『日本の歴史』二一七号、朝日新聞出版、二〇〇二年

生類憐みの令のおかげで、日本の犬食は廃れた?!

授業のどんな場面で使える?

徳川幕府の五代将軍、綱吉の政治、特に「生類憐みの令」の場面が最適です。明治の文明開化の一環として牛肉を食べるようになったこととの関連でも使えます。

犬食文化と日本

現在の日本人の多くは、捕鯨を日本文化の一つと捉え、鯨の肉を食べることについての違和感はないでしょう。では、犬の肉についてはどうでしょう。ペットで犬を飼っている人からすれば、「犬が可哀想」と思うでしょうし、特に犬が好きでない人でも、「犬の肉を食べるなんて野蛮だ」と感じるのではないでしょうか。たこやスッポンは食べるのに不思議ですね。それほどに食文化というのは、感覚的な反応を誘うものなのです。

ところで、お隣の韓国・北朝鮮や台湾・中国、ベトナムなどでは、今でも平気で犬の肉を食べますよ。例えば、韓国では一九八八年のソウルオリンピックの際、欧米諸国の批判をかわすために、大通りなどの人目につきやすいところでの犬肉料理をやめさせたという有名な話があります。同じ東アジアなのに、日本にはなぜ犬食文化がないのでしょう。それとも、昔はあったのにいつしか廃れたということでしょうか。

まず確認しておきたいのは、日本でも昔から犬の肉を食べなかったわけではないということです。ただし、日本は農耕が中心で牧畜が発達しなかったこともあり、捕獲した野生の獣の肉は別として、家畜の牛馬やそれに類する犬猫を食べることは少なかったのです。無用の殺生を禁ずる仏教の広がりがそれに拍車をかけ、次第にタブー視されていったとも考えられます。しかし、戦乱の時代や飢饉になれば、そんなこともいっていられません。特に、戦国時代のように殺し合いが日常化した時代には、むしろ獣肉や犬猫を平気で食う位でないと、生き残れなかったでしょう。では、その後はどうなったのでしょうか。

綱吉の生類憐みの令との関係

戦国の世は信長・秀吉を経て家康により統一され、次第に幕藩体制が確立していきましたが、それに不満をもつ者も少なくありませんでした。特に、戦乱が終わると、かつて足軽や人足として武家に奉公した者たちは居場所を失い、京や江戸といった都市を中心に、徒党を組んで乱暴狼藉を働いたり、昼間から酒を飲んで暴れたりするようになりました。彼らは往々にして常人とは異なる髪型で派手な色彩の衣服をまとい、犬の肉を食うなどの振る舞いをして、「かぶき者（傾奇者）」（奇に傾く者の意。「歌舞伎」の語源になったとの説もあります）と称されました。旗本や町人の中にもそうした振る舞いをする者が現れると、人々の中に不安が広がり、幕府にも対応が迫られました。

こうした社会風潮を改め、平和で安定した社会を打ち立てたいと考えたのが、五代将軍の綱吉でした。通説では、戌年生まれの綱吉に世継ぎができないのは前世での殺生のせいだとの僧の進言を入れ、生類憐みの令という悪法を出したとされ、「犬公方」といわれます。本当に綱吉は無能な将軍で、生類憐みの令は悪法だったのでしょうか。実は、このお触れは幾度となく出されたものの総称で、憐みの対象とされた生類とは、①猪・鹿・狼・鳥などの野獣、②犬、③牛馬、④捨て子を指しました。①は、当時の農村には野獣対策用の多数の鉄砲があったことから、鉄砲狩りのために野獣の保護を掲げたのです。②は、かぶき者対策と、大名が鷹狩り用に飼育していた犬の野犬化対策（中野に犬小屋を設置しています）を意味しました。③・④は、当時の社会では死んだ牛馬や病人、不要な子などを捨てる風習があり、社会問題化していたことへの対応です。

要するに、綱吉は戦国期以来の力による支配＝武断政治から、徳や儀礼を重視する文治政治へと重心を移すことで下克上の世に区切りをつけ、徳川支配の一層の安定化を図ろうとしたのです。だからこそ学問を好み、湯島聖堂を建てるとともに、幾度となく生類憐みの令を出したと考えられます。もちろん一部で行き過ぎがあったことが、犬公方の汚名を着ることになったのでしょうが、綱吉の政治については冷静に評価すべきですね。綱吉がいなくても日本の犬食は廃れたでしょうが、それを確実に早めたといえるでしょう。

〈参考文献〉

・塚本学『生類をめぐる政治―元禄のフォークロア』平凡社ライブラリー、一九九三年

田沼意次は賄賂政治家だった?!
―田沼意次と松平定信

授業のどんな場面で使える?

元禄期以降の商品経済の広がりに伴う幕府財政の悪化に対し、いわゆる三大改革が行われますが、それとの対比で田沼の改革の意義を考えさせる場面を想定します。

ぶんぶといふて夜もねられず

江戸時代の三大改革といえば、八代将軍吉宗の「享保の改革」、老中松平定信の「寛政の改革」、同じく老中水野忠邦の「天保の改革」になりますが、これらに共通する政策として、質素倹約、文武の奨励、思想や風俗の取り締まりなどが挙げられます。まるで太平洋戦争中のスローガン「贅沢《ぜいたく》は敵だ」「欲しがりません、勝つまでは」「鬼畜米英」みたいで気分が暗くなります。現に、寛政の改革を風刺して、次のような狂歌が詠まれました。

・世の中に蚊ほどうるさきものはなし　ぶんぶといふて夜もねられず
・白河の清きに魚のすみかねて　もとの濁りの田沼こひしき

前者が蚊のブンブンいう羽の音と「文武（奨励）」をかけているのはわかりますね。また、後者は白河藩主から老中首座となった松平定信のクリーンな政治（清流）と、その前の田沼意次《たぬまおきつぐ》のダーティな政治（濁った沼）とをかけて、寛政の改革の息苦しさを皮肉っています。果たして、本当に田沼意次の政治はダーティだったのでしょうか。

二〇一六年の米国大統領選挙戦においても、共和党のトランプ陣営と民主党のヒラリー陣営とで激しい中傷合戦が繰り広げられました。どこまでが事実で、どこからがインチキなのかわからない中で、いつしか印象操作されてしまう人間心理の危うさを改めて実感した人も多かったのではないでしょうか。実は、田沼意次を賄賂政治家として徹底的に攻撃したのが、他ならぬ松平定信とその一派でした。一体、なぜでしょうか。

田沼意次と松平定信

まず、江戸時代は身分や家格を定め、それを基盤に社会を成り立たせていたことを確認する必要があります。将軍の跡継ぎを例にすると、夫人も大勢いますから、実の男子の中にも身体虚弱な者、頭脳が明晰でない者など、いろいろ出てきます。それを能力主義で選抜するとどうなりますか。それぞれの子どもの母親やその支援者などが、猛烈な駆け引きや権力闘争をしかねません。却って混乱を深めてしまいます。そこで、例えば長男から順に将軍にするというルールをつくれば、個々の将軍の器量は別として体制は安定しますね。でも、そうなると幼くして将軍になったり、あまり政治的力量のない将軍が誕生したりすることも起こり得ます。それを複数の老中が補佐してきたのですが、老中にも家格の高い者が就きますので、必ずしも政治センスがよいとは限りません。そこで、五代将軍の綱吉の頃から、将軍が信頼の置ける人材で能力のある者を、家格に関係なく側用人《そばようにん》として取り立てるようになりました。柳沢吉保《やなぎさわよしやす》がその最初だといわれます。

八代将軍吉宗の後を継いだ九代家重・十代家治の時代に実質的に側用人として活躍し、

老中をも兼ねたのが田沼意次です。意次の父は旗本とはいえ、元は紀州藩の足軽でした。他方、松平定信の父は吉宗の次男で田安家を起こした名門です。うまくすれば父が九代将軍、自分は十代将軍になっても不思議のない家柄でした。したがって、定信には田沼に対する個人的な嫉妬とともに、側用人政治への激しい憎悪があったと考えられます。

田沼の改革の先進性

賄賂政治家というレッテルにとらわれずに田沼の改革を見てみましょう。第一に、幕府財政に初めて予算制度を確立し、支出の抑制に努めました。特に将軍の身の回りの経費や大奥関係の予算を切り詰めています。従来が丼勘定だったとは驚きですね。第二に、農民の年貢を上げる代わりに、大商人を対象とする流通税を導入しました。第三に、当時は商品経済が全国に拡大しながらも、なお関東は金《きん》（両《りょう》・分《ぶ》・朱《しゅ》の鋳造貨幣）、上方や西国は銀（秤《はかり》で重さを量って使う）を通貨としていたため、その一本化に努めました。この他、蝦夷地の開発や印旛沼《いんばぬま》・手賀沼《てがぬま》（千葉県）の干拓などを手がけています。定信らの横やりでその多くが不首尾に終わりますが、「明日のための政治」を目指したのは確かです。

〈参考文献〉

・大石慎三郎『将軍と側用人の政治（新書・江戸時代1）』講談社現代新書、一九九五年

なぜ、コーヒーと銃を好むの?!
―アメリカ独立の背景

授業のどんな場面で使える?

アメリカの独立の背景や原因の説明として扱うのが一番自然ですが、秀吉の刀狩りとの対比で、銃社会アメリカの理念について触れるのもおもしろいと思います。

「茶法」―紅茶からコーヒーへの不思議

トワイニング、ハロッズ、フォートナム&メイソン、ウェッジウッドはイギリスの世界的紅茶ブランドとして知られています。他方、コーヒーは世界中で愛飲されますが、特にスターバックスやタリーズはアメリカ（どちらもワシントン州シアトル発祥）のコーヒー・チェーン店として世界的に展開しています。イギリスに紅茶文化が広まったのは一八世紀の前半といわれますから、イギリス人の入植した北米植民地でも当然紅茶が飲まれていたはずです。それがいつしかコーヒーにとって代わられるわけですが、そのきっかけになったと考えられるのが、課税をめぐる北米植民地とイギリス本国との対立でした。

イギリスとフランスは一七世紀半ばから一八世紀半ばにかけて、北米大陸やインドなどで第二次百年戦争と称される植民地争奪戦を戦っていました。その最後の大きな戦いが七年戦争で、結局イギリスが勝利しましたが、莫大な債務を抱え財政難に陥りました。そこで、議会の同意なしに課税しやすい植民地に各種の税金を課したわけです。その中に、北米植民地の茶への課税もありました。しかし、植民地は本国議会に議席を認められていませんでしたので、「代表なくして課税なし」をスローガンに本国への抵抗を強め、オランダから茶を密輸するなどして対抗しました。そこで、本国は一七七三年に新たに茶法

（Tea Act）を制定して、イギリス東インド会社が植民地で販売する茶を免税としました。当時イギリス東インド会社は大量の茶の在庫を抱え経営不振に陥っていたため、その救済もねらっていたのです。これにより、植民地の人々は無税の安い紅茶が飲めるようになったわけで喜んでもよいはずですが、結果は逆でした。不思議ですね。

実は、これを認めれば東インド会社により市場が独占され、自由な商業ができなくなることを恐れたのです。そこで、「自由の息子たち」という急進派グループは、ボストン港に停泊中の東インド会社の三隻の船を襲い、茶箱を海に投げ捨てました（ボストン茶会事件 Boston Tea Party）。これに対抗してイギリス軍がボストン港を封鎖して、ボストン一帯を軍政下に置くなどしたことから、次第に植民地の人々に独立運動への気運が高まりました。こうした事態を背景に、アメリカでは紅茶に代わりコーヒーが飲まれるようになったといわれています。なお、ボストン観光ツアーの一つに、再現された東インド会社の船に乗り込み、茶箱を海中に投げ捨てる追体験型のアトラクションなどもありますよ。

ミニットマン―「銃社会」アメリカの不思議

アメリカでは毎年のように銃の乱射事件が起こり、その度に銃の規制が話題になりながらなかなか実現しませんね。なぜでしょう。アメリカ人の武器（武装・治安）や社会に関する考えは、日本人とは大きく異なっており、その背景に歴史の違いがありそうです。

北米の一三植民地はそれぞれ成立の事情を異にし、各植民地では軍はもとより整備された警察もありませんでした。政治はタウン・ミーティングという市民の集まりで決められ、治安も市民一人一人が責任を負いました。いざというときには農具を銃に代えて駆けつけたのです。そこから民兵はミニットマン（一分程で集まる兵）と称され、アメリカの自治の象徴とみなされました（ボストン近郊には、各地にミニットマンの銅像が見られます）。こうしたことから、市民の武装の権利は譲ることのできないものと考えられ、合衆国憲法でも市民が武器を所有し携帯する権利を認めているのです。日本のように刀狩りを受け入れ、近代以降は治安を国家に委ねた国とは成り立ちが違うということでしょう。

とはいえ、独立戦争（一七七五〜八三年）に際しては、敵が正規軍（訓練された傭兵）ですから、植民地側も一三植民地から兵を募って大陸軍を結成して戦いました。その総司令官が、初代大統領になるワシントンです。ただし、やはり戦力の差は大きく、植民地側が勝利できたのはフランス軍の参戦（一七七八年）によるところが大きいといわれます。


〈参考文献〉
・紀平英作編『アメリカ史（世界各国史24）』山川出版社、一九九九年

近代の日本と世界

不平等条約の締結は、幕府の無為無策を示している?!

授業のどんな場面で使える?

幕末のペリー来航から安政の五カ国条約締結の場面で扱うのが普通ですが、明治の条約改正の場面で、幕末を振り返って「不平等」の意味を考える際にも使えます。

不平等条約への疑問

確かな根拠のある話ではありませんが、一般的な日本人が最も大切だと考える人権は、自由権でも社会権でもなく平等権ではないかと思います。例えば、教師の行為で子どもや保護者から一番嫌われるのは「依怙贔屓《えこひいき》」ですし、大学入試でなかなか論述式のテストが浸透せず、相変わらずマーク式の客観テストが重視されるのも、その背景に「平等」崇拝があるように感じます。そもそも、自分の身内や好意を抱く対象を贔屓するのは普通のことですし、教師などのその道のプロが主観的に（自己の判断で）論述答案を採点しても何ら問題ないと思うのですが、どうも多くの日本人はそう考えてはいないようです。

のっけからこんな私見を述べたのも、日米和親条約に始まる幕末の欧米列強との諸条約を「不平等条約」と称するのはいささか問題だと考えるからです。確かに現在でいう対等な関係には立っていませんので、その限りで不平等であることに間違いありません。ただし、初めに「不平等だ」と結論づけてしまうと、先述のように平等意識の敏感な日本人は思考停止してしまうのではないでしょうか。どの箇所がどういう理由で不平等なのか、なぜそうした条約内容になったのかといった疑問を探究する前に、彼我の軍事力には大差があったし、そもそも鎖国下の幕府に外交交渉は無理だったと決めつける恐れが強いのです。

その結果、交渉にあたった幕臣たちの努力や能力を過小評価するという、日本人でありながら欧米人の眼差しで歴史を見る弊（オリエンタリズム）に陥ってしまうのです。

条約交渉にあたった幕府・幕臣の再評価

不平等条約といえば、領事裁判権（治外法権）の承認と関税自主権の放棄がポイントになります。日米修好通商条約もこの二つを含みますから不平等条約です。でも、江戸時代の日本は三〇〇余の藩からなる幕藩国家であり、藩ごとに大名が裁判権を行使していました。つまり、主権国家ではなく単一の法体系をもたなかったのですから、治外法権以外の選択肢など考えられません。明治維新により体制変革を果たしても、一八九四年まで治外法権を撤廃できなかったことを考えると、幕府を無能視することはできないでしょう。

また、通商協定に関連して、第七条の遊歩規定は日本側の要求によるものといわれます。ハリスは米国人が自由に日本国内を歩き回る権利を要求しましたが、幕府はそれを拒否して居留地外での商取引や開港場から一〇里（約四〇キロ）以遠への旅行を禁止しました。特産物や資源を、外国商人が自由に買いつけたり、生産のための資金を貸しつけたりすれば、競争力に劣る日本市場は完全に外国資本に従属してしまうからです。インドや清がそうして植民地や半植民地と化していきました。日本は交渉でそれを阻止したのです。

ビゴーの風刺画「ノルマントン号事件」の皮肉

明治期日本の外交課題の一つが条約改正でした。岩倉使節団を派遣するなど、外交努力を続けましたが、期待する成果は得られませんでした。そんなときに起きたのが有名なノルマントン号事件（一八八六年）です。事件の詳細は省きますが、難波した貨物船から英国人だけを救助し日本人を全員水死させたドレーク船長が、神戸の海難審判で無罪、横浜の刑事裁判でも禁固三か月という軽微なものに終わった事件です。領事裁判の不当性に国民の反発が強まり、政府も外交交渉を強化せざるを得なくなりました。

この事件に関連して、授業ではビゴーの風刺画がよく使われますが、ビゴーはノルマントン号ではなく、上海で難破したフランス船メンザレ号（三色旗に注目）を描きました。そして、ボートに乗って助かった英国人（英国海軍旗に注目）の高慢さを、溺れるフランス人に対するドレーク船長の言葉、「今、何ドル持っているか、早く言え。時は金なりだ」で表現しました。つまり、条約改正に批判的であったフランス人ビゴーは、英国人の身勝手さ、高慢さが日本の条約改正運動を激化させたことを皮肉ったのです。

〈参考文献〉

・井上勝生『幕末・維新（シリーズ日本近現代史1）』岩波新書、二〇〇六年

近代の日本と世界

お雇い米国人と屯田兵が北海道を開拓した?!

授業のどんな場面で使える?

明治維新後の北海道や沖縄の同化政策と国民形成の場面を想定していますが、近世のアイヌと和人の交易や抗争、明治期のお雇い外国人の役割などの場面でも使えます。

サッポロビールの星の由来

日本のビール会社ではアサヒ、キリン、サッポロ、サントリー、それに沖縄のオリオンビールが有名ですが、この中でラベルのマークが一際目立つのはサッポロの星印ではないでしょうか。この五稜星《ごりょうせい》は北海道開拓使のシンボルとして使用された、青字に赤の北辰旗《ほくしんき》に由来するとのことです。ちなみに、北辰とは北極星を指します。一八七六年に札幌に設立された開拓使麦酒《ビール》醸造所で製造されたビールにも、赤い星のラベルが貼られていました。

明治政府は、一八六九（明治二）年、箱館の五稜郭に立てこもっていた榎本武揚を降伏させ戊辰戦争を終わらせると、北海道開拓のための官庁として開拓使を設置し、蝦夷地を北海道と改称しました。これを提言したのは幕末に蝦夷地、樺太、千島を探検した松浦武四郎だといわれています。彼は蝦夷《えぞ》の音読み「かい」に「加伊」の字を充て（蝦夷という字には「動物・野蛮」の意味があるからです）北加伊道《きたかいどう》とする案を出しましたが、政府は律令制時代の東海道、南海道、西海道にならって「北海道」としました。なお、余談ですが、五稜郭と開拓使の星印とは全く関係ありません。フランスと交流の深かった幕府は、フランス人の助言により西洋式の城郭建築を採用し、箱館（後に函館）と長野県佐久市に五稜郭を建築しました。ただし、佐久市の龍岡城は現在、遺構があるのみです。

北海道の開拓―お雇い米国人と屯田兵

北海道の開拓は、開拓使の最高責任者となった黒田清隆の指導の下に進められました。本部は当初東京にありましたが、後に札幌に移されたことで、札幌が北海道の中心都市として計画的に整備されていきます。それを支援したのがお雇い外国人、特に北海道の風土とよく似たアメリカの技師や学者でした。札幌農学校の初代教頭として招かれたクラークもその一人です。「少年よ、大志を抱け Boys, be ambitious!」の言葉は有名ですね。

開拓使の官営事業は、先に述べたビール、葡萄酒、味噌、醤油、缶詰、マッチといった日用品の他に、製材、製粉、製鉄、造船、煉瓦と幅広く行われました。また酪農・畜産の導入や、小樽・札幌間での日本で三番目の鉄道開通も、お雇い米国人の指導の下に行われ、小樽は石狩炭田の石炭積み出し港として発展していきます。ちなみに、お雇い外国人には往復旅費や住宅の提供の他、かなりの高給を支払っていました。クラークの月給六〇〇円は、一八七七(明治一〇)年の右大臣岩倉具視の六〇〇円、参議大久保利通の五〇〇円と比べると、大臣並みであることがわかりますね。

現在の北海道には広大な農地が広がっていますが、原野を開拓して農業を推進したのは屯田兵でした。兵隊は通常、兵舎に集団で住みますが、屯田兵は家族毎に家屋と原野を割り当てられ、平時は開墾と農業に従事しながら北辺の防衛を担い、戦争の際には兵士として動員されました。西南戦争や日清・日露の戦争にも屯田兵が従軍しています。当初は、職を失った士族対策も兼ねており、主に東方地方の士族を募りましたが、後には平民の屯田や移住も行われ、一九〇四年まで続きました。北海道を旅行すると、森林や農地の中に一直線の道路が延びているのに驚きますが、こうした道路づくりには囚人労働が充てられました。士族の反乱で捕らえられた人の多くも北海道の監獄に送られています。

同化の対象とされたアイヌ

北海道には狩猟や漁撈を生業とする先住民のアイヌが住んでいました。江戸時代には、松前藩を通して毛皮、鮭、昆布や、蝦夷錦と称される中国産の絹織物などを和人と交易していましたが、明治維新後は生活の場を奪われていきました。戸籍法の下で日本式の姓名が強制され、アイヌ固有の風習である女性の入れ墨や男性の耳輪が禁止されただけでなく、一八九九（明治三二）年の北海道旧土人保護法により農耕民化が図られました。つまりアイヌの伝統や文化を否定し、和人の論理で一方的な文明化（同化）が推進されたのです。

〈参考文献〉

・安岡昭男「樺太放棄と北海道の開拓」『朝日百科日本の歴史9』朝日新聞社、一九八九年

近代の日本と世界

西郷隆盛は平和論者だった?!
―征韓論の意味するもの

授業のどんな場面で使える?

岩倉使節団の派遣から西南戦争に至る政局や西郷の人間像の説明場面を想定しますが、近代の日朝関係や日本外交のあり方を反省的に考える材料としても使えます。

なぜ征朝論ではないのか

幕末の尊王攘夷運動にも朝鮮への武力侵出を唱える主張は見られましたが、一般的には明治初期の新政府部内での対朝鮮政策をめぐる対立と権力抗争を指して、「征韓論」が話題になります。当時は朝鮮王国（李朝）の時代ですから、本来なら征朝論なり朝鮮出兵論というべきでしょうが、日本では朝鮮半島やその民族を「韓《から》」と認識していたこと、また『日本書紀』における神功皇后《じんぐう》の新羅征討説話を「三韓征伐」（新羅・高句麗・百済を支配下に収めた）と捉える見方が日本人の意識にあったことが反映したものと考えられます。

秀吉の朝鮮出兵により一時途絶えていた日朝関係も、徳川家康の時代に修復が図られ、対馬の宗氏を介した交流が再開されました。室町時代に始まった朝鮮通信使が、再び将軍の代替わり毎に来日するようになります。ちなみに、通信使とは「信《よしみ》を通わす使者」のことを指します。しかし、一九世紀半ばになると、先述のように日本では尊王思想を拠り所に朝鮮に対する優越感が広がり、欧米により奪われた権益をアジアで取り返そうとする動きも出てきました。他方、朝鮮でも国王の父、大院君《テウォングン》が摂政として鎖国攘夷政策を推し進め、国交を求める日本の国書の受け取りを、江戸時代と形式が異なることを理由に拒否するに至ります。こうした状況の中で、征韓論が台頭してきたのです。

新政府内の権力抗争と征韓論

二六〇年続いてきた徳川幕府ですから、武力で倒したからといって新政府の体制がそう簡単に出来上がるわけはありません。当面は、倒幕に力のあった薩摩・長州・土佐・肥前を中心とする藩閥政治が展開されることになります。その中で版籍奉還、廃藩置県という改革が断行され、旧藩主や武士層には不満が募っていました。また、幕末に結んだ日米修好通商条約の最初の改訂の時期を迎えるため（一八七二年）、その改正交渉を行う使節団の派遣も課題になりました。そのいずれにも政府内の権力抗争が影を落としています。

一八七一（明治四）年、正使に岩倉具視《いわくらともみ》、副使に参議の木戸孝允《きどたかよし》（長州）と大久保利通《としみち》（薩摩）を充てた総勢四六名の大使節団が派遣されますが、最初のアメリカで早くも予備交渉に失敗し、先進国の内情視察に目標変更を余儀なくされます。他方、太政大臣三条実美《さんじょうさねとみ》、参議の西郷隆盛（薩摩）、板垣退助（土佐）、大隈重信（肥前）、江藤新平（肥前）らの留守政府では、一八七三（明治六）年、朝鮮の釜山にある日本公館（秀吉の侵略に懲りた朝鮮は日本使節が首都に入るのを認めませんでした）をめぐって、外交問題が発生しました。すなわち、公館前に「無法の国」と日本を非難する掲示がなされ、生活物資の搬入を警官が妨害したのです。板垣らは軍の派遣を主張しました。士族の不満の捌け口を対外戦争により解消しようとする意図もあったでしょう。西郷はそれに反対し、自ら大使として交渉に赴くことを説き、結局西郷案が採用されました。しかし、岩倉や大久保らが帰国すると、内政優先論から西郷の朝鮮派遣を見送ることが決まったのです。これに抗議して西郷、板垣ら留守政府を預かった五人の参議は辞職し（明治六年の政変）、まもなく西郷は西南戦争、板垣は自由民権運動を通して反政府運動に身を投じることになります。

日本の砲艦外交と西郷の立場

一八七五年、日本の軍艦が朝鮮の首都に近い漢江《はんがん》の河口一帯を測量中、朝鮮側からの砲撃を受けたのに応戦して付近を占領（江華島事件）、翌年、朝鮮との間に釜山など三港の開港、開港場での日本の領事裁判権等を認めさせる不平等条約を締結しました。西郷はこの日本の行為には大義名分がないとして批判したといわれます。西郷が平和論者であったかどうかはともかく、単に不平士族の利益の代弁者として征韓論を説いたのではなかったことは確かなようです。いずれにせよ、幕末にペリーなどの砲艦外交に苦渋をなめた日本が、今度は隣国の朝鮮に対し欧米と同じやり方で臨むことになるのです。

〈参考文献〉

・坂野潤治『西郷隆盛と明治維新』講談社現代新書、二〇一三年

文明開化はバタ臭かった?!

授業のどんな場面で使える?

文明開化が、武士や庶民にどのような影響を与えたのかを学ぶ場面で使います。生徒にとっては当たり前の、牛乳や牛肉などの食から文明開化にアプローチします。

バタ臭い人とは

今はあまり使われませんが、「バタ臭い」という言葉を聞いたことがあるのではないでしょうか。「バタ臭い奴だ」とか「バタ臭い顔をしている」というように、半ば嘲笑するような使われ方をします。皆さん、意味はわかりますか。バタ臭いとは、実は「バター臭い」が略された言葉で、バターにまだ馴れていない明治時代の人たちが、その匂いに嫌悪感を覚えて使ったのが始まりです。つまり、日本人なのにバターを食べたり、牛乳を飲んだりする西洋かぶれを小馬鹿にした言葉なのです。だから、バタ臭い顔といえば俳優の阿部寛さんとか歌手の平井堅さんのように、彫りが深くて「濃い」顔の人を指します。今の時代なら、嘲笑どころか憧れや嫉妬に近い褒め言葉になるのかもしれませんね。

話は飛びますが、「醍醐味《だいごみ》」という言葉を知っていますか。秀吉の花見で有名な醍醐寺や、建武の新政の後醍醐天皇にも醍醐の文字が使われています。醍醐味とはどんな味なのでしょう。読書の醍醐味、釣りの醍醐味といった用例からすると、最高の味わいや本物のおもしろさを指しているようですが…。醍醐味とはもとは仏教用語で、牛や羊の乳が発酵するにつれて、乳《にゅう》、酪《らく》、生酥《しょうそ》、熟酥《じゅくそ》、醍醐《だいご》（これらを五味と称し、醍醐が文字通り「第五」の味なのは興味深いですね）と味わいを深めるのに喩《たと》えて、涅槃教《ねはんぎょう》が最高の教えであることを説いたものといわれます。今となっては醍醐がどんな味かわかりませんが（ヨーグルトに近いかも)、乳製品ですからバタ臭いのだけは間違いなさそうですね。

明治時代に東京都心にあった臭いものとは

開国に伴い、日本の都市にも西洋人の姿が目立つようになり、牛肉や乳製品が盛んに食されるようになりました。その真似をするバタ臭い日本人も徐々に現れます。では、牛は一体どこで飼育していたのでしょう。冷蔵技術や輸送手段が整っていない時代ですから、外国から輸入したとも思えませんし、北海道や九州などで飼育したとも考えられません。

実は東京の都心で多数の牛が飼育されていたのです。それはどういうことでしょうか。江戸時代、江戸城の周りには大名屋敷や武家屋敷が広がっていました。幕府が崩壊すると、大名に貸していた上屋敷をはじめ、それらの多くが明治政府に押収されたり、取り壊されたりして、東京都心部に広大な空き地が生まれました。折しも、特権を廃止されて生活に困窮する武士が目立つようになったため、政府はこれらの土地を払い下げて、牧場経営を奨励したのです。その結果、竹橋、麹町《こうじまち》、銀座などに七軒の牧場ができ、明治二一年には一六〇カ所もの牧場が東京市内に誕生したといわれます。かつて丁髷《ちょんまげ》を結い刀を差していた武士が、今や牛を飼って乳搾りをしている姿はなかなか想像できませんね。

牛乳が万病に効くと宣伝され、明治初期に一合（一八〇ミリリットル）一二銭であった値段も徐々に低下し、日清・日露戦争の頃には三～四銭になりました。ただし、現在の価値に換算すると一銭は二〇〇円くらいですから、二〇〇円出せば一リットル紙パックの牛乳が買える現在から見ると、相当高価なことがわかりますね。庶民にはなかなか手が出せなかったものと思われます。また、東京都心部の人口増加に伴い、その糞尿や臭いが不衛生であるとされ、牧場の多くは多摩や葛飾などの郊外に移っていきました。

肉食の普及は軍隊から

食生活における文明開化の象徴となったのは、牛乳以上に肉食でした。西洋人と比べて体格の劣る理由の一つは質素な食生活にあるとして、政府は肉食を奨励し、明治二年には築地に牛馬会社を設立しています。しかし、長年肉食をタブー視してきたことや、牛肉が高価であった（牛肉一〇〇グラムが当時三銭六厘、約七二〇円）ことなどから、庶民にはなかなか普及しませんでした。そこで軍隊に肉食を導入したのです。その結果、軍隊で肉食に親しんだ兵士が家庭に戻ることで、徐々に庶民の間にも肉食が広まっていきました。

〈参考文献〉
・山本博文『明治の金勘定』洋泉社、二〇一七年

日清戦争、なぜ「朝鮮の独立」が日本にとって重要だったの?!

授業のどんな場面で使える?

日清戦争後の下関条約の説明として使いますが、条約の内容の説明というより、当時の東アジアを取り巻く国際情勢の説明として位置づけると効果的です。

下関条約か馬関条約か

日清戦争の講和をめぐる会談は山口県の下関にある割烹《かっぽう》旅館「春帆楼《しゅんぱんろう》」（現在も営業中。伊藤博文の命名によるものです）で行われ、まもなく日清講和条約が結ばれ戦争は終結しました（一八九五年）。通常は下関条約といいますが、昔の年表などを見ると馬関条約という言い方もされています。明治時代に作詞された鉄道唱歌でも、「世界にその名いと高き　馬関条約結びたる　春帆楼の跡とひて　昔しのぶもおもしろや」と歌われました。これは、一体どういうことでしょうか

下関市在住の方ならご存じでしょうが、馬関は下関の旧名で、幕末の長州藩とイギリス、フランス、オランダ、アメリカの四国連合艦隊との戦争も馬関戦争と呼ばれました。そもそも日本で市制が敷かれた一八八九年に、山口県で唯一市になったのが下関ですが、当時の名は赤間関（あかまがせき）でした。壇ノ浦の戦いに敗れて入水した安徳天皇を祀る赤間神宮は有名ですね。この赤間関を赤馬関とも書いたことから、馬関と称されるようになったとのことです。ちなみに、現在の下関市と改称されたのは一九〇二年です。つまり、日清戦争の講和時は赤間関市だったわけですから、馬関条約という方が歴史的には正確なのかもしれません。中国では今でも馬関条約と呼んでいるそうですよ。

「朝鮮の独立」の意味するもの

下関条約の内容として、中学校の歴史教科書に記載されるのは、通常、①清は朝鮮の独立を認める、②清は遼東半島、台湾、澎湖諸島を日本に譲る、③清は賠償金二億両を日本に支払う、の三点です（高校では「清は新たに四港を開く」がこれに加わります）。生徒にとって、②と③はわかるとしても①はなかなか理解しがたいのではないでしょうか。まず、「朝鮮は独立国ではなかったのか。独立国でないとすれば、朝鮮と清はいかなる関係にあったのか。日本にとって、清に朝鮮の独立を認めさせることに何の利益があったのか」といった疑問が当然ながら湧いてくるに違いありません。

ところが、紙幅の都合なのか、こうした疑問に対する明快な解答は教科書には見られません。どうしても教師による補足説明が必要になります。ポイントは、以下の二点です。第一は、伝統的に東アジア地域には中国の圧倒的な軍事力・経済力を背景とする華夷秩序が形成されており、周辺諸国の支配者は中国皇帝に朝貢することでその地位と安全を保障されるという関係（これを冊封＝朝貢《ちょうこう》体制といいます）にあったことです。例えば秀吉の朝鮮出兵に対しては明が朝鮮に援軍を派遣しましたし、フランスのベトナム保護国化に対しては清仏戦争（一八八四〜八五年）が起こっています。それは宗主国としての務めです。

第二は、一九世紀末の東アジアには帝国主義列強が侵出の機会をねらっており、特に英露の対立が日本にとって重要視されたことです。シベリア鉄道の建設に着手したロシアは、不凍港を求めて遼東半島や朝鮮に触手を伸ばしていましたし、中東やインドでロシアと対立するイギリスは、極東でのロシアの勢力拡大を阻止して中国侵出を企てていました。

つまり、朝鮮が清の属国であり続ければ、何らかの脅しや事件を契機に、大国の英露が朝鮮に足がかりを得ないとも限りません。そうなると、朝鮮を「利益線」（領土を指す「主権線」に対し、領土の安全に関わる隣接地域のこと。山県有朋の「外交政略論（『山形有朋意見書』）」より）と捉える日本には一大事です。だからこそ、朝鮮の独立を国際的に認めさせることが、当時の日本にとっては何よりも重要だったのです。

清国全権李鴻章、狙撃される

清国全権李鴻章は、三度目の会合を終えて春帆楼から宿舎の引接寺《いんじょうじ》に戻る途中、講和に反対する暴漢にピストルで狙撃され、重傷を負いました。時間をかけて有利な交渉を目論んでいた日本は、これによる列強の干渉を恐れ、早期講和を余儀なくされます。

〈参考文献〉
・加藤陽子『戦争の日本近現代史』講談社現代新書、二〇〇二年

■近現代の日本と世界　近代の日本と世界

「満鉄」って単なる鉄道会社じゃないの?!

授業のどんな場面で使える?

日露戦争後の旅順・大連の租借など、日本の中国侵出や韓国併合の場面を想定しますが、昭和初期の満州事変や満州国建国との関連でも扱うことができます。

日露戦争の勝利で日本が得たもの

日本は総力を挙げてロシアと戦い勝利しましたので（一九〇四〜〇五年）、国民は日清戦争のときと同じく多額の賠償金に期待をかけましたが、それが叶わないと知って暴動さえ起こしました（日比谷焼打ち事件）。しかし、ポーツマス条約により、日本は南樺太の他、日清戦争後の三国干渉で譲歩した遼東半島の旅順・大連の租借権、及び長春・旅順間の鉄道とその付属地の利権をロシアから譲り受け、清朝にもそれを認めさせました。これが、韓国の植民地化と並んで日本の大陸侵出の足がかりとなっていきます。

遼東半島は、清朝を樹立した女真人の故郷の地、満州（正式には満洲、現在の中国では東北と称します）と華北との境界をなす山海関《さんかいかん》の東にあることから、中国人は関東とか関外と呼んでいました。これを受けて日本はこの地を関東州としたのです。日本の関東地方とは違いますからご注意下さい。また鉄道については、ロシアが首都のモスクワと極東のウラジオストクを結ぶシベリア鉄道の建設を始めていましたが、満州との境界でかなり北に迂回するため、満州中央部を東西に横断する東清鉄道の本線と、途中のハルビンから旅順に南下する支線の敷設権を獲得して建設していました。その支線の、長春より南の利権を日本が獲得し、南満州鉄道（満鉄は略称です）と呼んだのです。

満鉄は単なる鉄道会社ではない

南満州鉄道株式会社は、資本金の半額を日本政府が出資する国策会社といってよい存在でした。その証拠に、初代満鉄総裁の後藤新平は関東州を統治する関東都督府《かんとうととくふ》の最高顧問も兼ねていまいます。ただ列車を走らせるだけでも、車両の製造・修理、線路の保守・点検、燃料の確保、駅舎の整備と乗客サービスなど、大変な事業ですが、当時の満鉄は鉄道付属地の経営や統治も任されていました。つまり、鉄道を敷設するためには駅や線路だけでなく、その周辺の用地も必要だとして、石炭・鉄鉱石の鉱山や都市を開発し、治外法権的に支配したのです。なお、満鉄の本社は大連（満州国建国後は新京）に置かれました。

また、治安確保のためには警察や軍も必要です。日露両国は、鉄道一キロ毎に一五人の鉄道守備隊を置くことで合意していました。日本支配下の鉄道総延長距離は六二五キロでしたから、最大九三〇〇人余りの兵力を満鉄守備隊として常駐させることが可能になりました。これが後に泣く子も黙ると恐れられた関東軍です。日本の満州（中国東北）に対する「植民地」支配は、この関東軍と満鉄が車の両輪となって進めていきました。

租借（地）とは

日露戦争の勝利により、日本は関東州の租借権を得たといいましたが、租借とはどういうことでしょうか。まず漢字をよく見て下さい。租は租庸調の租、つまり土地にかかる税で通常は稲で支払います。そもそも禾（のぎへん）は稲を指しており（禾のノは稲穂です）、例えば「秀」は稲がすくすく育つことを、「禿」は稲が育たず衰えることを意味しますし、稲が実る季節に「秋」の字を充てるのも、これでおわかりいただけるでしょう。元に戻します。つまり金を払って土地を借りることを租借、その土地を租借地といいます。

日清戦争で新興国日本に敗れたのを見た列強は、清朝に脅しをかけたり、賠償金支払いのための資金を用立てたりする代わりに、重要な港湾などの一定期間（二五年ないし九九年）の租借を要求したのです。租借地については列強が統治したのはもちろん、そこで商工業を行い、内陸部に向けて鉄道を敷設するなどして勢力圏を拡大していきました。こうして清朝末期から中国の半植民地化が進行し、辛亥革命（一九一一年）につながるのです。

ここで興味深いのは二〇一七年七月のニュースです。中国はスリランカに一五〇〇億円融資してハンバントタ港を整備したものの、返済不能に陥ったため、借金返済を免除する代わりに九九年間の港の運営権を入手したというのです。歴史に学んだのでしょう。

〈参考文献〉

・君島和彦「台湾・南満州・樺太」『朝日百科日本の歴史10』朝日新聞社、一九八八九年

■近現代の日本と世界　近代の日本と世界

いつから日本人は時間にうるさくなったの?!
―定刻主義と帝国主義

授業のどんな場面で使える?

産業革命後の生活や社会の変化の場面を想定しますが、近代の学校教育の普及の場面、あるいはサラリーマンの誕生の場面などでも扱うことができます。

定刻主義と帝国主義

ドイツの世界的な哲学者カントはとても規則正しい生活をしていたようで、人々は毎日カントが散歩に出かけるのを見て時計の針を合わせたといわれています。私がお世話になった世界史の先生も時間に忠実で、会議などの予定時刻になると参加者の多寡に関係なく、「私は定刻主義者ですから」と前置きして開始されました。帝国主義と定刻主義をかけた一種の駄洒落《だじゃれ》ですが、そうやって和気藹々《わきあいあい》のうちに会議に入ったのを覚えています。

定刻主義とはいわないにしても、日本の鉄道の時刻は極めて正確で、信号故障などにより数分発車や到着が遅れただけで謝罪放送が入るのは、やや異常なように思います。学校でも病欠はともかく、遅刻についてはなかなか容赦してくれませんね。誰しも寝坊したり、バスに乗り遅れたりすることはあるのですが、「言い訳するな。そうした状況も考えて余裕をもって家を出るのが当たり前だろう」とお説教される始末です。一体、いつから、どうして日本人はこんなに時間にうるさくなったのでしょう。国民性なのでしょうか。

いいえ、国民性などではありません。明治初期に、日本にやってきたお雇い外国人たちの多くが、当時の日本人の時間に対するルーズさを指摘しているからです。ということは、少なくとも明治初期の頃の日本人は時間に束縛されていなかったことがわかります。

「時は金なり」とはどういうことか

実は、そういう欧米人でさえ、前近代にあってはあまり時間に頓着しなかったようです。その証拠に、産業革命により工場で働くようになった労働者が、しばしば月曜日も工場を欠勤して仲間と居酒屋で飲んだり遊んだりしてしまう「聖月曜日 saint monday」の慣行が、一九世紀の初め頃まで広く見られたといわれるからです。それが、一九世紀の後期になると、日本人のルーズさを批判しているのです。その間に一体何があったのでしょう。

最近のカレンダーは月毎にめくるものが多いようですが、昔は日めくりが主流でした。私は子どもの頃、毎朝日めくりをめくるのが日課になっていました。たいがい諺や格言が書かれており、その中に「早起きは三文の徳」や「時は金なり」があったのを記憶しています。この「時は金なり」は、一八世紀アメリカを代表する科学者にして外交官、B・フランクリンの言葉で、文字通り「時間はお金と同じくらい大切だ」という意味です。

資本主義の国アメリカらしい格言といえるでしょう。つまり、日本であれ欧米諸国であれ、農民や職人が自分の身体と技術で働くだけなら、仕事中に飲酒しようが気分次第で仕事を休もうが問題ないでしょう。もちろん、遊んでばかりいては食べていけませんが、自分の裁量で仕事の時間やスピードは決められるはずです。ところが、機械はそういきません。いったん始動させたら、機械の動きに合わせて人間が働かないと、能率は上がらないからです。そこで、工場を経営する資本家は時刻通り規則正しく働くことを労働者に求めて、この格言を広めていったのです。つまり、産業革命による機械化の普及が、時間規律（タイム・ディシプリン）を生む背景にあったということができます。

遅刻の誕生

近世までの日本は、昼と夜を分けて、それぞれを六等分して時を刻み、梵鐘などで人々に知らせました。いわゆる不定時法です。夏と冬では昼夜の長さが違いますから、農作業には向いていますが、効率的な工場経営や労務管理には不都合です。そこで、明治政府は一八七三（明治六）年一月から、太陽暦に改暦し定時法を導入しました。そして、学校や軍隊を通して時間意識の徹底を図ったのです。その結果、「遅刻」という概念が誕生しました。産業革命後の都市化の進展により、鉄道が普及し柱時計の生産が始まると、日本人の多くが時計に従って生活するようになります。そして、会社や学校に遅刻しないよう、家庭の居間には柱時計、サラリーマンには懐中時計や腕時計が必需品になっていくのです。

〈参考文献〉

・橋本毅彦・栗山茂久編著『遅刻の誕生』三元社、二〇〇一年

大正時代の日本はドイツ人捕虜の待遇に気を配っていた?!

授業のどんな場面で使える?

日本の第一次大戦への参戦とその背景や影響を説明する場面を想定しますが、日本の戦争捕虜に対する扱いの変容に触れる場合にも使えます。

「天佑」とみなされた欧州大戦

一九一四（大正三）年夏、バルカンの民族問題に大国の思惑が絡んで、第一次世界大戦が勃発します。八月四日、イギリスはドイツに宣戦を布告すると、一九〇二年以来同盟関係にあった日本に限定的な支援（シナ海域でのドイツ武装商船の撃破）を求めてきました。日本政府内には慎重論もありましたが、元老の井上馨《かおる》は「今回欧州の大禍乱は、日本国運の発展に対する大正新時代の天佑《てんゆう》」と大隈重信首相に手紙を送り、参戦を促しています。「天佑」とは天の恵み（神助）という意味です。政府は直ちに参戦を決め、八月一五日にはドイツに最後通牒を突きつけ、二三日に宣戦布告しました。日本の強気な姿勢に驚いたイギリスは要請を撤回しますが、日本は強引に参戦します。それには理由がありました。

一つ目は、日露戦争の膨大な戦費負担による国家財政の逼迫《ひっぱく》と、それに由来する国内対立の激化です。政党、官僚、軍部内の対立は民衆運動にも波及しました。こうした事態を打開するために対外戦争は好機と考えられたのです。二つ目は、日露戦争で獲得した関東州（旅順・大連）の租借期限の問題です。これは一八九八年、ロシアが清から二五年期限で獲得したのを日本が譲り受けたため、一九二三（大正一二）年には中国に返還しなければならなかったのです。なお、南満州鉄道については一九四〇年が期限になっていました。

ドイツ人捕虜の収容

日本軍は九月二日、山東半島に上陸します。中国はすでに八月六日に中立を宣言していましたので、中立侵犯をめぐり揉《も》めますが、中国もまた国内に北京の袁世凱《えんせいがい》政権と、孫文などを中心とする南方の革命勢力との対立があり、一枚岩とはいえない状況でした。日本は一〇月に赤道以北のドイツ領南洋諸島を占領、一一月には膠州湾《こうしゅうわん》の要塞都市青島《チンタオ》を占領し、ドイツ軍を降伏させました。その結果、四五〇〇名余のドイツ兵捕虜を日本国内に移送し、各地の寺などに仮収容しましたが、戦争の長期化に伴い本格的な収容施設が建設されます。当初からの久留米（福岡）、名古屋（愛知）の他に、習志野（千葉）、青野原《あおのがはら》（兵庫）、似島《にのしま》（広島）、板東《ばんどう》（徳島）に本格的な収容施設が設けられ、分散収容されました。

戦争捕虜に対する日本の扱いというと、日中戦争や太平洋戦争中の非人道的な扱いに焦点化されがちですが、この時期の日本はやっとの思いで一等国の仲間入りを果たしたこともあり、捕虜に対する待遇などを定めたハーグ条約の規定を守るように努めました。その結果、収容所周辺の日本人とドイツ兵捕虜との交流が生まれ、戦後も日本に残るドイツ人が出たりしました。また、多数の捕虜が生活するわけですから経済効果もあり、収容所の誘致合戦があったといわれます。まるでW杯のキャンプ地誘致のようですね。実際、ドイツ兵のサッカーチームと日本の学生などとの交流試合も催されたようです。

日本の参戦の果実は甘かったか

日本は青島攻略後、中国側の撤退要求を無視して軍政を布き、袁世凱に対し二十一か条要求を突きつけます。主な内容は、①山東省のドイツ権益の継承、②関東州と南満州鉄道の権益の九九年間延長、③中国政府の財政・軍事顧問に日本人採用などです。中国内に激しい反発運動が起きましたが、日本は最後通牒を発し、一部を除き中国に認めさせました。日本は南満州の利権を確保し、中国侵出の足がかりも得て万々歳に見えますね。でも、これを機に中国の反日運動は高まり、日本が最後通牒を発した五月七日と受諾した五月九日を国恥記念日として記憶し、一九一九年のパリ講和会議で日本の要求が認められると激しい反日の五・四運動を展開することになります。また、ヴェルサイユ条約で日本はドイツ領南洋諸島と山東省の権益を認められますが、アメリカはワシントン会議を主宰して日本の侵出に歯止めをかけようとします。その結果、日英同盟の廃棄や山東省権益の返還などが決まり、日本人移民の排斥とも相俟って、日本人の中に反米感情が芽生えてきます。

〈参考文献〉

・瀬戸武彦『青島から来た兵士たち』同学社、二〇〇六年

日清戦争から数えて「日中五十年戦争」という歴史の見方はできる?!

授業のどんな場面で使える?

世界恐慌後の日本の大陸侵出、満州事変や日中戦争の場面を想定していますが、日清戦争や近代の日中関係、あるいは太平洋戦争の項でも扱えます。

戦争の呼称

日清戦争（一八九四～九五年）は英語ではSino-Japanese War（1st）と表記します。つまり第一次日中戦争になるわけです。ちなみに、日中戦争（一九三七～四五年）はSino-Japanese War（2nd）（第二次日中戦争）と称されます。戦争の呼称というのは、国により、また時代により異なることが多く、それ自体が歴史の構築性や解釈性を示していて興味深いですね。この日中戦争ですが、北京郊外の盧溝橋で始まりましたから、開戦当初は北支事変と称しました（現在の華北地方を当時の日本では北支と呼びました）。その後、戦線の拡大とともに支那事変と変更され、米英との開戦後は一括して大東亜戦争と称しましたが、敗戦後、大東亜戦争はＧＨＱの指示により太平洋戦争に、また支那事変は「支那」の語が差別的であるということで日華事変にそれぞれ変更になりました。ところが、一九七〇年代頃から日華事変に代わって日中戦争の語が次第に普及し、今では教科書にも記載されるようになりました。宣戦布告がなされなかっただけで、実態は戦争に他なりませんでしたから、歴史学者などの主張が広く認められたというわけです。

日中五十年戦争？

一九三一年の満州事変から一九四五年の敗戦までの日本の戦争を「十五年戦争」と総称

する見方もあります。評論家の鶴見俊輔氏による命名ですが、そこにはこの時期の日本が一貫して中国やアジアへの膨張主義的な戦略の下に行動したとの見方が込められています。その点で、例えば満州事変は一九三三年に停戦（塘沽《とうこ》協定）が成立し、また一九三七年の盧溝橋事件も日本政府は当初不拡大方針をとっていたことなどから、歴史的事実に反するとしてこの見方に批判的な歴史学者や評論家もいます。

しかし、私は十五年どころか日中五十年戦争とする見方があってよいように思います。つまり、日清戦争から数えておよそ五十年、日本はことある毎に中国大陸への経済的・軍事的侵出を図っていたからです。もちろん、十五年戦争論への批判にもあるように、その間ずっと戦争状態にあったわけではありませんし、歴史をあまりに大雑把に捉えて細部を見落とすことがあってよいとも思いません。ただし日清戦争と満州事変の間に、教科書の年表に載るような事件だけでも、北清事変（義和団事件への介入、一九〇〇年）、旅順・大連の租借、満鉄創立（一九〇五〜〇六年）、二十一か条要求（一九一五年）、山東出兵・済南事件・張作霖爆殺（一九二八年）などがありますし、何よりも明治初期にあった清朝脅威論が日清戦争後は、支那蔑視論（「支那」という表記にも中国を支流扱いする意識が見えます）に変容し、欧米への劣等感の裏返しとしての中国・朝鮮への優越感が国民の間に広がっていきました。支那事変後の、陸軍による国民動員のためのスローガン「暴支膺懲《ぼうしようちょう》」（暴虐な支那を懲らしめよの意）にはそれが端的に表れています。戦争状態になくても、何か事が起きれば中国や朝鮮を踏み台にして日本を守ろうとする意識が底流にあったとすれば、未来の人から「五十年戦争」と括られても仕方がないのではないでしょうか。

未来の視点で歴史を捉える──全体としての森を見る眼

先に、私は「未来の人から」といいました。例えば、中世の百年戦争（通常一三三九〜一四五三年）にしても、この呼称が生まれたのは一九世紀になってからです。また、百年というのはおよその年数で、その間にはペスト（黒死病）が流行したり農民一揆があったりして、英仏両王家の戦争だけが突出していたわけではありませんでした。しかし二一世紀の、西洋中世史研究者ではない我々にとって、詳細な事実の列挙より、それらを概括した説明の方が有益でしょう。そう考えると、日中関係史にしても、個々の木の枝振りにとらわれすぎて、全体としての森の姿を見落とすことのないようにしたいものです。

〈参考文献〉

・加藤陽子『満州事変から日中戦争へ（シリーズ日本近現代史5）』岩波新書、二〇〇七年

大国アメリカとの開戦、最終的に決断したのは誰?!

授業のどんな場面で使える?

太平洋戦争開戦に至る外交交渉や国民生活の場面であればどこでも使えますが、最適なのは真珠湾攻撃に際して、誰が決断したのかを考えさせる場面です。

戦前の日本人は米国の国力を知らなかったのか

太平洋戦争は約三年八か月続きましたが、日本軍が優勢であったのは開戦から半年程で、それ以後はアメリカ軍の攻勢の前に防戦一方となり、制海権・制空権を奪われ補給路も断たれる中で、日本軍は太平洋の島々で孤立し、最後は玉砕という無残な結末を迎えました。日本の敗北の理由はあれこれ考えられますが、おそらく最大の理由は日米間の国力の差にあったといってよいでしょう。それに関して、とかく語られがちなのは、当時の日本人の多くがアメリカの国力の実態を知らなかった、知っていればあんな無謀な戦争はしなかっただろうという話です。本当でしょうか。

当時の平均的日本人を、義務教育を終えて、新聞・雑誌を読んだりラジオ放送を聴いたりできる人と捉えれば、おそらく大半がアメリカの国土の大きさや経済力を知っていたし、その文化に一種のあこがれさえ抱いていたといってよいと思います。例えば日米野球だけでも、大正期に三回、昭和戦前期に四回日本で開催され、一九三四（昭和九）年の大会ではベーブ・ルース、ルー・ゲーリックなどの大リーグ選抜が全日本軍を相手に一六戦して全勝しています。静岡草薙球場の試合では沢村栄治投手が好投し、〇対一で敗れはしたものの大きな話題を呼びました。なお、沢村は東京巨人軍の設立とともに入団し活躍しますが、応召により何度も戦線に送られて負傷し、結局退団を余儀なくされました。そして、一九四四（昭和一九）年フィリピン戦線に向かう途中、輸送船が撃沈され戦死しています。

話を元に戻します。喜劇王チャップリンも戦前に二度来日して、歓迎を受けています。つまり、日本人の多くがチャップリンの映画を観て、そのおもしろさを知っていたということを意味します。野球や映画だけではありません。大正から昭和にかけては、ファッションでも欧米風が好まれ、「モボ・モガ」（モダンボーイ、モダンガールの略です）と呼ばれた若者が街を闊歩し、カフェで珈琲やジャズを楽しんだのです。普通の日本人がそうなのですから、政治家や外交官、海外駐在経験のある軍人がアメリカの国力を知らなかったはずはありません。では誰が、なぜ、大国アメリカに戦争を仕掛けたのでしょうか。

実は誰もアメリカと戦争したくはなかった

戦前の日本は大日本帝国憲法下にありましたから、米英両国に対する宣戦は天皇の詔書として発せられています。ということは、開戦は天皇が決断したのでしょうか。日本がアメリカとの交渉の最低限の要求内容と交渉期限を決定したのは、一九四一（昭和一六）年九月の御前会議でした。一〇月上旬までに要求が通らなければ、米英蘭との開戦もやむなしという決定です。このとき、英国流の「君臨すれども統治せず」を貫いて普段は発言を控えていた昭和天皇が、日露開戦時の明治天皇の御製「四方《よも》の海　みな同胞《はらから》と思ふ世になど波風の立ち騒ぐらむ」を詠み上げられたのです。これは、開戦は避けるべきだとの考えを暗に示したものといわれます。つまり、天皇は戦争したくなかったのです。

天皇でなければ首相でしょうか。ただし、旧憲法では軍は天皇に直属し、陸軍や海軍の大臣も陸・海軍から推薦されましたので、戦争や軍に関する首相の権限は限られました。となると、やはり軍部が決断したのでしょうか。しかし、軍部といっても陸軍と海軍は独立しており（だから戦時には大本営の設置が必要でした）、それぞれが自己利益を優先したため、連係プレイはできませんでした。陸軍は大陸で中国軍と戦っているのだから、今度は海軍の出番だと思っていましたし、海軍もアメリカの国力を考えると自ら開戦を切り出すことはできませんでした。ただし海軍はアメリカを仮想敵国として莫大な予算を獲得し、戦艦大和のような巨艦を建造していましたから、今更戦争はできないともいえず、どうせやるなら石油がジリ貧にならないうちにと考えました。最後は、誰が決断したともなく、「清水の舞台から目をつむって飛び降りる」（東條英機の言葉）ことになったのです。

〈参考文献〉

・吉田裕『アジア・太平洋戦争（シリーズ日本近現代史6）』岩波新書、二〇〇七年

■ 近現代の日本と世界　近代の日本と世界

「特攻」と自爆テロはどこが違うの?!

授業のどんな場面で使える?

太平洋戦争末期の日本軍の絶望的な戦術・戦闘の一例として扱うのが通例ですが、現代の地域紛争とテロに関する学習の場面でも扱うことができます。

特攻とは

特攻とは「特別攻撃」の略語ですが、通常は、第二次世界大戦末期に旧日本陸海軍が行った体当たりの自爆攻撃を指します。海軍航空機による神風(「かみかぜ」ではなく「しんぷう」が正式の呼称です)特別攻撃隊が有名ですが、陸軍も含めて多様な特攻が発案・計画され、実行されました。人間魚雷「回天《かいてん》」、人間ミサイル「桜花《おうか》」、特攻艇「震洋《しんよう》」なども実戦に使用されています。なぜ、このような非道な戦術が思いつかれたのでしょうか。

そもそも、この語は一九四一(昭和一六)年一二月の真珠湾攻撃に際し、特殊潜航艇(魚雷二基を搭載した二人乗り潜航艇。潜水艦で目標近くまで運ばれる)五艇で真珠湾に突入し戦死した「九軍神」を讃えて用いられたのが始まりです。ちなみに、意識を失って米軍の捕虜になった一人については公表されませんでした。都合の悪いことには蓋をする大本営の隠蔽体質が現れていますが、その背景には昭和一六年一月に東條英機陸相(当時)の名で出された「戦陣訓」(生きて虜囚《りょしゅう》の辱《はずかし》めを受けず)があったと考えられます。

戦況の悪化と特攻作戦

真珠湾攻撃のための特攻では、結果的に一人を除く全員が戦死しましたが、最初から生還を期さない作戦ではありませんでした。ところが、開戦後半年程で日本軍の進撃は止まり、次第に物量に勝る米軍の前に「転進」（大本営発表での撤退・退却のこと）を余儀なくされるようになりました。打つ手も底をついた日本軍の中では、一九四三（昭和一八）年の秋頃には自然発生的に体当たり攻撃の考えが生まれてきたといわれます。兵員の不足を補うために、それまで徴兵を猶予されていた大学生（一部理工系学生は除く）や専門学校生の徴集が始まった（いわゆる学徒出陣）のも、この年の一〇月です。

体当たり攻撃としての特攻は当初、案にとどまっていましたが、一九四四（昭和一九）年の夏にマリアナ沖海戦に惨敗して制海権を失い、絶対国防圏の要でもあったサイパン島を米軍に占領されると、次第に戦術として現実味を帯びてきました。サイパン島の陥落に際して、陸軍の兵士は「万歳突撃」に打って出、残された婦女子の多くも自決の道を選んで、全員「玉砕」（名誉・忠義を守って潔く死ぬこと）の道を選んでいますから、特攻作戦も遠からず実施される運命にあったといえるかもしれません。

そして、一九四四年一〇月、フィリピン戦線で神風特別攻撃隊が正式に編制され、攻撃命令が出されると、終戦までの一〇か月間にわたり、南・東シナ海海域を中心に特攻作戦が展開されました。特攻に参加した兵士の多くが、学徒出陣により徴集された若者だったといわれます。彼らの心の叫びは、戦後出版された学徒兵の遺稿集『きけわだつみのこえ』や、鹿児島県知覧町（特攻隊の航空基地があり多くの学徒兵がここから沖縄方面に出撃）にある特攻平和会館の展示に見ることができます。多分、涙が止まらないでしょう。

自爆テロと違いはあるのか

近年、グローバル化などへの反発からか、世界各地でテロが頻発しています。その中でも、イスラーム過激派による自爆テロは人々を恐怖に陥れ、その行為は日本人には理解しがたいものとみなされがちです。でも、日本の特攻も英語ではKAMIKAZE（カミカゼ）と称され、suicide attack（自殺攻撃）との注釈が付けられるのが普通ですから、客観的には同じ行為といえるでしょう。テロと戦争は別だとの声もありますが、テロと呼ぶのは欧米側であってムスリムの理屈では異教徒との戦争ですから「特攻」と違いはありません。

両者とも「大義」のために自己を犠牲にする点で往々にして美化されがちですが、美化するのでも貶めるのでもなく、次の点を問いたいものです。第一に、自己の側に大義があるとすれば敵にも別の大義があるのではないか。第二に、本当に個人の自由意思に基づく決断だったのか、上官の命令や無言の圧力、あるいは洗脳によるものではなかったか。

〈参考文献〉

・保阪正康『「特攻」と日本人』講談社現代新書、二〇〇五年

■近現代の日本と世界　現代の日本と世界

マッカーサーは、連日山のようなファンレターをもらっていた?!

授業のどんな場面で使える?

戦後改革の中心人物でもあるマッカーサーの人となりと、日本国民の対応を考えさせる場面を想定しますが、朝鮮戦争の場面でも扱えます。

松嘉佐とは誰か

一九四五（昭和二〇）年八月三〇日、連合国軍最高司令官となった米国のマッカーサー元帥が専用機バターン号で厚木飛行場に降り立ちました。一九四二年四月に日本がフィリピンのバターン半島を攻略した際、予想外の米兵捕虜の数に手を焼き、収容所までの一部約四〇キロを炎天下、徒歩で移動させたことから、米国では「バターン死の行進」と呼んで厳しく批判した事件から名を取っています。当時、フィリピン防衛の任にあたっていたマッカーサーはいち早くオーストラリアに逃れ、「私は必ず戻ってみせるI shall return!」と名演説をぶちましたが、敵前逃亡との陰口を叩かれて、人一倍プライドの高い彼のトラウマになったようです。そのためか四四年一〇月、もはや戦略的に意味はないといわれたフィリピン反攻作戦を敢行し、レイテ島に上陸する姿を報道写真に収めさせています。

九月二日、東京湾の戦艦ミズーリ号（現在は退役しハワイ真珠湾で公開）での降伏文書調印式を終えると、マッカーサーは皇居向かいの第一生命ビルの総司令部で連日休むことなく執務に取り組みました。日本の非軍事化と民主化改革です。これに対し、つい先日まで「鬼畜米英」「撃ちてし止まん」と叫んでいた国民はどう対応したでしょうか。驚くなかれ、連日山のようなファンレターがマッカーサーに届いたそうです。その中には、漢字で「松嘉佐《マッカーサー》」と書いて、とても運気のよい名前だと褒め称えるものや、是非あなたの子どもを産みたいという女性の手紙もあったといいます。長いものに巻かれるのは一つの生きる知恵かもしれませんが、昨日は東條をもち上げ、今日はマッカーサーにお追従をというのでは、ちょっと国民性を疑ってしまいますね。強制されたわけでもないのですから。

余談ですが、マッカーサーに限らずマクドナルド、マッカートニーなど、最初にMac（Mc）の付く名前は、アイルランドかスコットランド出身の人と思って間違いありません（ちなみに、マッカーサーはスコットランド系です）。マックはそれらの地で古くから使われたゲール語で「息子」を意味します。つまり、アーサーの息子だからマッカーサーになるわけで、英語のジョンソンとかトムソンのsonと同じですね。ですから、某社のハンバーガーのことを関東風に「マック」というのはともかく、関西風に「マクド」と呼ぶのは本来おかしいのです。大阪人には「それが何やねん」と言われそうですが…。

マッカーサーのその後

野心家のマッカーサーは四八年の大統領選に共和党から立候補しますが、惨敗して党の候補にもなれませんでした。結果は現職の民主党トルーマンの再選です。そして一九五〇（昭和二五）年六月、朝鮮戦争が勃発しました。日本の敗戦後、朝鮮では韓国と北朝鮮が北緯三八度線で分離独立していましたが、北朝鮮軍がソ連の承認の下、南に侵攻したのです。国連の安保理事会は、常任理事国のソ連欠席のまま米軍を主体とする国連軍の派遣を決定し、マッカーサーが総司令官となります。これにより戦況が逆転し北朝鮮軍が不利になると、今度は前年に共産党政権を樹立した中国が介入し、戦争は長期化の様相を呈しました。マッカーサーは原爆使用を含む中国東北部の爆撃を主張しますが、中ソとの全面対決を避けたいトルーマンに解任されてしまいます。五一年四月のことです。日本国民の多くは、マッカーサーより偉い人間がいることに驚いたといわれます。

マッカーサーは五二年の大統領選挙にも意欲を見せましたが、彼の人気も一時的なものに止まり、結局かつての部下アイゼンハワーが共和党候補となり、大統領に当選しています。あまりに尊大すぎたのと、スタンドプレイが見透かされたのかもしれません。当初、圧倒的な人気を博し記念館建設話があった日本でも、帰国後の上院公聴会での次の発言以降、次第に熱は冷めていきました。「現代文明の基準からすると、欧米人が四五歳の年齢に達しているのと比較して、日本人は一二歳の少年のようなものです」

〈参考文献〉

・保阪正康『昭和史の深層　15の争点から読み解く』平凡社新書、二〇一〇年

近現代の日本と世界　現代の日本と世界

オリンピックの女子マラソン、昔はなかったって本当?!

授業のどんな場面で使える?

戦後日本の復興と高度成長の象徴としての東京五輪を想定していますが、スポーツと政治やビジネスとの関係を考えさせる際に扱うのもおもしろいと思います。

五輪での女子マラソンはいつから

五輪競技での女子マラソンといえば、有森裕子選手、高橋尚子選手、野口みずき選手など日本人選手の活躍もあり、当然男子と同じように第一回のアテネ五輪（一八九六年）からあっただろうと思いがちです。ところが、男子に比べるとその歴史はずっと浅く、最初に登場したのは一九八四年のロサンゼルス五輪だったのです。何とその理由は、「女子がマラソンを走るのは体力的、生理的に無理」と考えられていたというのですから、驚きですね。スポーツにも、その時代の社会のあり方や人々の意識が反映しているようです。

そもそも五輪に女子が参加したのは一九〇〇年の第二回パリ大会が最初ですが、選手数はわずか一二人、種目もテニスとゴルフだけでした。要するに、男の目から見て「女らしい」と感じる種目が採用されたのでしょう。陸上競技に女子が出場するようになるのは、一九二八年のアムステルダム大会からで、種目は一〇〇M、八〇〇M、四×一〇〇Mリレー、走り高跳び、円盤投げの五種目でした。日本からも人見絹枝選手が女子の個人種目すべてに参加し、八〇〇Mで見事に銀メダルを獲得しています。その後も期待されましたが、三年後に二四歳の若さで肺炎により亡くなりました。ちなみに、女子の陸上競技で人見選手に次ぐメダリストとなったのがマラソンの有森選手（銀メダル）で、一九九二年バルセロナ大会のことです。有森選手は次のアトランタ大会でも銅メダルに輝いています。

オリンピックと国際政治

日本では、一九六四年に次ぐ二度目の東京五輪が迫っており、何かと話題になりますね。インターネットなどで五輪関係年表を見ればすぐにわかりますが、第一回から四年毎に開催されてきた五輪が、一九一六年のベルリン大会、四〇年の東京大会、四四年のロンドン大会については結局開催されませんでした。いずれも戦争（二つの世界大戦）の影響です。特に、一九四〇年といえば日本にとって日中戦争が泥沼化し、日米関係も悪化している頃でしたから、物心両面で五輪どころではなかったのでしょう。

五輪は開催されたものの、参加を拒否する国が出て盛り上がりを欠いたのが、一九八〇年のモスクワ大会と八四年のロサンゼルス大会でした。前者は、米ソ冷戦下、共産圏における初の開催ということで注目されましたが、七九年のソ連によるアフガニスタン侵攻を受けて米国がボイコットを表明すると、同盟国の西ドイツ、日本、韓国や、ソ連と対立関係にあった中国など五〇カ国近くが最終的に同調しました。後者は、前述のように女子マラソンが初めて採用された大会ですが、前回大会のボイコットに対抗して、今度はソ連をはじめとする共産圏諸国が参加しませんでした。なお、このロサンゼルス大会は開催費用を切り詰め、スポンサー収入やテレビの放映権収入で大幅な黒字を出したことから、初の「商業五輪」といわれています。二〇二〇年の東京五輪はどうなるでしょうか。

男子マラソン―靴を履かなかった人と靴が脱げた人

一九六四年、東京五輪の最後を飾る男子マラソンでは、日本の円谷幸吉選手が苦しみながらも銅メダルを獲得して観衆の喝采を浴びました。優勝したのはエチオピアのアベベ選手で、前回のローマ大会に続く二連覇でした。ローマでは裸足で走り「裸足のアベベ」と称されましたが、それ以上にエチオピアをかつて侵略、占領した(一九三五〜四一年)イタリアでの勝利はエチオピア国民を歓喜させ、軍人だったアベベ選手は昇進しています。そういえば、円谷選手も陸上自衛官でした。ただ、日の丸を背負う重圧の中で、持病の腰痛の悪化と怪我により、メキシコ大会を前に自殺してしまいます。まだ二七歳の若さでした。

マラソンと靴で忘れられないのが、九二年のバルセロナ大会で八位に入賞した谷口浩美選手です。給水地点で転び、はずみで脱げた靴を履き直して走りました。インタビューでの、「途中でこけちゃいました。これも運ですね」の言葉は、今も語り草となっています。

〈参考文献〉
・小川勝『オリンピックと商業主義』集英社新書、二〇一二年

現代の日本と世界

沖縄県民の怒りの理由はどこにある?!

授業のどんな場面で使える?

戦後史の「沖縄返還」の場面を第一に想定していますが、琉球王国の繁栄、明治政府による沖縄県の設置、沖縄戦、米国統治下の沖縄のどこでも扱えます。

沖縄県民の怒りの理由①―沖縄戦

私が中・高校生だった頃（一九六〇年代）、沖縄に行くにはパスポートやビザが要るといわれ、また沖縄では日常的に英語を使うらしいとまことしやかに語られていました。

ご存じの通り、沖縄はかつて琉球王国という独立国でした。江戸時代初期に薩摩の島津氏に征服された後も、幕府と明・清に両属しつつ交易で栄えましたが、明治になって日本は武力で琉球を支配下に組み入れ沖縄県を設置したのです。なお、琉球というのは中国側の呼称で、現地の人々は「ウチナー（おきなわ）」と自称していたようですが、そもそも前近代において国や国民という意識はありませんので、厳密に区別することはできません。

いずれにせよ、沖縄県民の多くは本土の人（ヤマトンチュ）以上に日本人らしく振る舞おうとして、方言撲滅運動などを展開しました。しかし、その結果が太平洋戦争末期の沖縄戦だったのです。満州や樺太を除き、日本にとって唯一の地上戦が展開されたのが沖縄で、一九四五年三月末から約三か月間、「鉄の暴風」と称される米軍の空襲や艦砲射撃の中、日本軍だけでなく多数の沖縄県民が戦闘に動員され、そして敗れました。戦力的に見て勝算はなかったことを考えると、本土決戦のための時間稼ぎとして、沖縄が捨て石にされたとする見方もできるでしょう。そのことが沖縄県民の本土に対する怒りの一つの要因となっています。ただし、沖縄の次は九州や四国を捨て石にして戦闘を継続しようと軍部は考えていましたから、ないがしろにされたのは沖縄県民というより個々の日本国民の生命や財産だったのかもしれません。国民より大事なものはないと思うのですが、当時は国体、つまり天皇制を守ることを最大の目標としていたのです。ポツダム宣言の受諾が遅れ、広島や長崎への原爆投下を招いてしまったのも、すべては国体護持が約束されるかどうかが不明だったからです。そのことを、私たちは忘れてはならないでしょう。

沖縄県民の怒りの理由②—アメリカ世

私の学生時代、沖縄に行くのにパスポートが必要だったのは、当時はまだ沖縄が米国の施政権下にあったからです。戦争に敗れた日本は米軍を主体とする連合国軍に占領されますが、サンフランシスコ講和条約（一九五一年）により独立を回復します。しかし、沖縄（当初、トカラ列島や奄美群島も含まれましたが、前者は五二年、後者は五三年に返還）は一九七二年まで占領状態が続きました。これを沖縄の人たちはアメリカ世《ゆー》といいます。米ソ冷戦が激化し、中華人民共和国の成立（一九四九年）、朝鮮戦争（一九五〇～五三年）、ベトナム戦争（一九六〇～七五年）が相次いだ時代、沖縄は米国にとっての「太平洋の要石《キイストーン》」とされたのです。そのため軍港や軍道が整備され、基地が拡張されました。県民の集落や農地も、軍事的観点から安い価格で強制的に接収されました（いわゆる「銃剣とブルドーザーによる接収」）。本土が東京オリンピックに湧き、高度成長を謳歌していた頃です。しかも、昭和天皇はすでに一九四七年時点で、「沖縄を二五年から五〇年、あるいはそれ以上にわたり米国が占領することが、日本や米国にとって利益になる」旨の書簡を米国に送っていたといいます。ここに沖縄県民の怒りのもう一つの要因がありそうです。

沖縄県民の怒りの理由③──構造的差別

日本に米軍基地があるのは日米安保条約の結果です。近年の北朝鮮の核開発や中国の海洋侵出の動向を見れば、日本国民の多くが安保体制に賛成するのもわかります。だからといって、普天間基地一つさえ撤去することも県外移設することもできず、現状を半ば見て見ぬ振りをしながら、沖縄に負担をかけ続けてよいのでしょうか。日米間の交渉で本土の米軍基地は削減されてきましたが、沖縄はその流れから取り残され、現在日本の米軍基地の四分の三（七四％）が沖縄に集中しているのです。こうした本土人の沖縄への無関心が生み出す「構造的差別」こそ、沖縄県民の怒りの最大の要因だといってよいでしょう。

〈参考文献〉
・新崎盛暉『新崎盛暉が説く　構造的沖縄差別』高文研、二〇一二年

おわりに

雑談がなぜおもしろいのか、なぜ人の心をとらえるのか。

それは、雑談が具体的個性的で、本音を語るからではないでしょうか。

逆に、抽象的一般的で、建前だけの定型句のような言葉ほど空しいものはありません。教科書が空しいとは言いませんが、概して生徒にとっては、批判や疑問の余地のない存在ですから、決しておもしろい対象にはなりません。

したがって、もし教師の語りや説明が教科書の域を出ないとすれば、生徒は息が詰まってしまうでしょう。そうした閉塞感を生まないためにも、教師は積極的に雑談を仕掛ける必要があると思うのです。

かつて、こんなことがありました。

私は大学院を修了後、故郷に帰って高校の教員になり、世界史を教えていたのですが、やんちゃな生徒の多い学校で、新卒の私を甘く見てか、授業中も私語を交わす者が少なくありませんでした。私はそうした生徒を注意したり叱ったりしながら、彼らの私語に負けまいと声を張り上げて講義し、疲れきって職員室に戻ることもたびたびでした。

要するに、私自身が余裕を欠いていたのですね。

確か、七月の午後の授業だったろうと思います。今と違って、教室にエアコンなどあるはずもなく、期末テストが終わって、生徒に授業への集中力をもたせることは至難の時期です。

何の話をしていたのか思い出せませんが、遠くで雷鳴が聞こえていました。そのうちに辺り一面が暗くなり、大粒の雨が地面をたたきつけたかと思うと、突然の稲光と共に激しい音が鳴り響いたのです。近くに落雷したのでしょう。「きゃーっ」と叫ぶ女子生徒もいて、授業どころではありません。私はいつしか窓際に行き、激しい雨脚と稲光を見ていました。一分くらいだったのか、三〇秒くらいだったのかはわかりません。

私は授業内容と関係なく、雷＝神鳴りの話を始めました。そして、菅原道真が学問の神として崇《あが》められる前は祟《たた》り神であったことや、都に落雷があった際、道真邸のあった桑原には落ちなかったことから「クワバラ、クワバラ」という言葉が生まれたことなどを話しました（本文を参照してください）。

いつしか、生徒が静かになったのを覚えています。

それ以来、私は、生徒が授業に飽きてきたなと感じたり、ちょっと気分転換したいなと思ったりしたときに、声を張り上げず、授業に直接関係のない話をするようにしました。そのせいかどうかはともかく、私の中に余裕が生まれ、生徒との一定の距離感を楽しめるようになった気がします。

そんな遠い記憶を甦らせてくださった、明治図書出版と編集部の赤木恭平さんに、この場を借りてお礼申し上げます。

原田　智仁

【著者紹介】
原田　智仁（はらだ　ともひと）
1952年生まれ。兵庫教育大学名誉教授。専門は社会科教育学。博士（教育学）広島大学大学院を修了後，愛知県の公立高校の教員を経て1990年から2017年まで兵庫教育大学に勤務。1997年から2008年まで文科省の教科調査官を併任し，高校世界史の教育課程改訂に当たる。今回の教育課程改訂にも中教審の委員として参加。
〈主著〉『世界史教育内容開発研究―理論批判学習―』（風間書房，2000年），『“世界を舞台”に歴史授業をつくる―嫌われても世界史はやめない！―』（明治図書，2008年），『社会科教育のルネサンス―実践知を求めて―』（保育出版社，2016年）

授業をもっと面白くする！
中学校歴史の雑談ネタ40

2018年2月初版第1刷刊　©著　者　原　田　智　仁
2018年11月初版第2刷刊　発行者　藤　原　光　政
発行所　明治図書出版株式会社
http://www.meijitosho.co.jp
（企画）赤木恭平（校正）中野真実
〒114-0023　東京都北区滝野川7-46-1
振替00160-5-151318　電話03(5907)6702
ご注文窓口　電話03(5907)6668

＊検印省略　組版所　株式会社カシヨ

Printed in Japan　ISBN978-4-18-275818-8

好評発売中！

中学校音楽サポートＢＯＯＫＳ

超一流の指揮者がやさしく書いた合唱指導の本

黒川　和伸 著

「合唱指導ってそもそも何をすればいいの？」「見よう見まねで指導しているけれど、これで大丈夫？」…そんな悩みも今日で解決！

　合唱指導のポイントをこの一冊に凝縮しました。中学校の合唱コンクールはもちろん、高等学校の部活動指導などにも、幅広く活用できます。

Ａ５判／160頁／2,000円+税　図書番号：2362

明治図書　携帯・スマートフォンからは　**明治図書 ONLINEへ**　書籍の検索、注文ができます。▶▶▶
http://www.meijitosho.co.jp　＊併記４桁の図書番号（英数字）でHP、携帯での検索・注文が簡単に行えます。
〒114－0023　東京都北区滝野川７－46－１　ご注文窓口　TEL 03－5907－6668　FAX 050－3156－2790

＊価格は全て本体価表示です。